野菜を作ってみたい方への本

いろいろな野菜の作り方

菜園づくり

3坪の畑を基本に説明

前田泰紀　**野菜作り
コンサルティング**

まつやま書房

まえがき……………………………………………3

第1章　野菜を作る前に
　　　　　知っておきたい知識……………5
　野菜作りの基本……5
　堆肥と肥料…………7
　育苗管理……………16
　畝作り………………22
　栽培管理……………23
　追肥と草勢の維持…27
　地力の維持…………29
　有機栽培とは………33
　病気と農薬…………34

第2章　各野菜の栽培方法………………38
　本書の記述に関しての説明………38
　掲載した野菜の目次（52種類）……40
　　果菜類…………42
　　豆類……………91
　　根菜類…………116
　　葉菜類…………144
　　芋類……………193

本文中の専門用語の簡単な説明…………………203

あとがき………………………………………208

　長く農業に携わった方に接していますと、栽培がなかなか上手にならない方が見られます。どこに問題があるのかを調べてみますと、土つくりに問題がある方が多いです。特に、家庭菜園や直売所に出荷している農家などです。

　単に畑に肥料を入れて、野菜の種子を播いたり、野菜苗を植えたりすれば野菜は出来ると思っている方が多いのです。

　野菜を作るには、畑に有機物が必要で、まず堆肥を入れる必要があります。堆肥を入れることにより土がふわふわした状態（団粒構造）になります。この状態にすることで野菜の根の張りが良くなり、野菜の生育も良くなります。どの野菜でも３坪当たり２０～３０kgの堆肥が必要となります。堆肥を畑に入れることにより、堆肥が腐食になり、１０kgの堆肥から約１kgの腐食が出来ます。腐食が土壌中にありますと、ふわふわした状態（団粒構造）が出来ます。腐食自体も肥料としても働きます。野菜を作る畑で、最初に行う作業として、野菜の播種や植え付けの２０日前には堆肥を入れます。次に、石灰肥料を入れます。土壌検査などをしていますと、土壌の酸度が示されます。野菜にはそれぞれに適した土壌酸度があります。栽培する野菜の適正酸度を知ることが必要となります。もし、作る野菜の適正酸度と自分の畑の酸度が異なって、酸性が強ければ石灰を入れて酸度を高める必要が出てきます。そのために、苦土石灰の投入する量が決まります。適正酸度であれば、苦土石灰は３坪の畑に１kg入れます。酸性が強い場合には１kg以上入れることになります。また、石灰は野菜の病気を防ぐ働きがあり、石灰の吸収を良くしますと病気にかかりにくくなります。

　堆肥と石灰を投入したら、いよいよ元肥を入れます。作る野菜に必要な肥料を投入します。窒素、リン酸、カリの３要素が重要な肥料となります。野菜の種類によって、施す肥料は異なっていますが、最近の肥料として、緩効性の化成肥料の８-８-８と明記してある肥料を使うことが多くなりました。化成肥料（８-８-８）は窒素８％、リン酸８％、カリ８％含んでいる肥料です。

　特に、家庭菜園では自分が作って、自分が食べるので、当然おいしい野菜が良いと思います。おいしい野菜を作るには、ゆっくりと肥料を吸収させる必要があります。それには化成肥料（８-８-８）の緩効性の低度化成肥料が適しています。

　元肥を入れましたら、肥料と畑の土とよく馴染ませます。馴染みましたら畝を作ります。畝の高さは１０～１５cmが望ましいです。なぜ畝を作って野菜を作るのかと

言いますと、畝の肩に根が集まります。根には酸素が必要で、畝の肩の方に張り出してきます。畝に高さがないと根に酸素の量が少なくて、生育が悪くなります。畝の幅は野菜の種類によって異なります。１条に植える場合は、６０～８０ｃｍが多いです。

　畝が完成したら、畝に水を与えて欲しいです。特に、マルチを張る場合には必ず畝に水を十分に与えておきます。湿った畝にマルチを張ります。

　畝が完成したら、野菜の種子の播種や苗の植え付けをしています。苗を植え付けた場合は後に必ず株元にかん水をします。さらに、２～３日経過して株元が白く乾いてきましたら、また株元にかん水をして欲しいです。この作業を２、３日おきに３～４回行うことで苗が根付きをします。この作業が野菜栽培には重要なことになります。この作業を行わないと野菜の根付きが遅れて生育の悪いものになってしまいます。収量増のポイントの第１の条件は株元かん水です。

第1章　野菜を作る前に知っておきたい知識

1．野菜作りの基本

●野菜とは？

　野菜は植物の一種で、人が必要としている養分（ビタミン類、アミノ酸、糖類、タンパク質など）を補給してくれるもので、昔から人類は生活の中で作っていました。この作業を栽培と言います。最近、食物繊維が健康によいと騒がれています。野菜は食物繊維の宝庫です。菜園でおいしい野菜を作って欲しいです。

●野菜を作るには

　その地域の天候、土壌などを知ることと、野菜は生きているので、如何にして枯らさずに生長させるかを考えることで、それには色々な技術が必要となってきます。その必要な技術を身に着けて欲しいです。特に、野菜作りでは土作りが肝心で、どの野菜でも土作りをよく行った畑では、上手に野菜が出来ます。自分の菜園を肥沃にして下さい。

●野菜の作る場所の天候を知る

　野菜には太陽の光、水、温度が必要で、光を多く必要とする野菜とか、湿った状態の土壌を好む野菜とか、温度が低いと生育が著しく悪くなる野菜とかがあります。それら野菜の特性を知るとともに、野菜を作る自分の地域の天候を知って、それに合った野菜を作ることがうまく野菜を作る第一のポイントです。

●野菜の作型を知る

　種苗カタログなどに作型表が載っています。野菜には作る時期があり、作型表に載ってない時期に栽培をしますと、野菜をうまく作ることが出来ません。果菜類では低温期の栽培は露地においては無理です。葉菜類では抽苔（花が咲くこと）がありますから、作型表に従って野菜を作ることが絶対条件となります。

※抽苔とは、葉菜類や根菜類に起こる現象で、春から初夏に花が咲くことを言います。春になると野菜の芯が伸びてきて抽苔となります。葉菜類や根菜類などで、抽苔の要因は異なり、菜の花と呼ばれるのはアブラナ科（キャベツ、ハクサイ、コマツナなどの葉物）で、

日が長くなってきますと抽苔をします。レ
タスは初夏の気温が高くなると抽苔をしま
す。ダイコンは春先の低温に遭遇しますと
抽苔を始めます。どの野菜も種子を作るた
めの現象と言えます。

図1　ダイコンの抽苔

●野菜を作る場所の土壌はどうか

　土壌にはいろいろな種類の土質がありま
す。肥沃な土壌の壌土、砂壌土があり、全
く肥沃でない砂質土壌があり、また、リン酸分の少ない火山灰土壌があります。乾燥
すると硬くなり、雨が降ると軟らかくなる粘土質の土壌もあります。その土壌の種類
によって施肥方法が大きく異なります。自分の作る畑の土質をよく知って、その土壌
に合った野菜を選ぶことが大切です。壌土、砂壌土では肥沃であるため、どの野菜も
よく出来ます。砂質の土壌では腐植が少なく痩せた土壌であるため野菜作りが難しく
なります。砂質土壌では追肥を中心とした栽培で野菜作りをする必要があります。火
山灰土壌では、リン酸吸収係数が高いので、リン酸肥料を多く施して栽培をします。
火山灰土壌では根菜類がよく出来ます。粘土質の土壌では、有機物を多く施して、土
が締まりにくくして栽培をします。土壌の種類によって栽培は大きく違ってきます。
※リン酸吸収係数とは、畑の土がリン酸肥料を吸収してしまう量を係数で示したもので、
　火山培土はリン酸吸収係数が高いです。

●栽培を始める前に畑の整備

　前作が終了したら、放置しますと畑には雑草が生えています。雑草を除草剤で枯ら
してからトラクターや管理機で畑を耕耘して、堆肥なども耕耘する前に畑に入れて欲
しいです。農家の多くの方は野菜を収穫したら、次の野菜を植え付けるまで放置して
います。雑草が畑に残っていますと害虫が増えてしまって、次の野菜を植えたときに、
害虫が野菜に付いてしまいます。病害虫の予防を考えて、野菜の栽培が終了したら、
放置せずに畑の整備をします。

　トラクターや管理機で雑草を駆除する前に除草剤で処理します。

2．堆肥と肥料

●堆肥はなぜ必要か

　堆肥は腐植の原料で、野菜を作るには必要なものです。堆肥が微生物に分解されて腐植が出来ます。野菜を作るには３坪当たりの畑に必要な腐食は１．５〜２kgと言われます。必要な腐食を得るのに必要な堆肥は３坪当たり２０kgとなります。堆肥１０kgから作られる腐食は１kgくらいです。どの野菜を作る場合でも堆肥の量は３坪当たり２０〜３０kgと言われています。

※腐植とは、堆肥が微生物によって作られ、腐植は窒素、リン酸、カリなどが含まれていて、野菜の肥料にもなります。微生物を増やして、団粒構造を発達させます。

●堆肥の種類と効果

　本来の堆肥と言われるものとは藁などの有機物と水と過リン酸石灰を交互に積んで発酵させたものです。発酵が終了するまでにかかる時間は６ヶ月もかかり、その完熟した堆肥を昔はよく使われていましたが、現在の堆肥と呼ばれるものは堆きゅう肥のことを指します。堆きゅう肥は動物の糞と藁や籾殻などと一緒に積み重ねて発酵させたものです。ほとんどの野菜作りには堆きゅう肥を使っています。

　その種類には、牛糞の堆きゅう肥、豚糞の堆きゅう肥、鶏糞の堆きゅう肥で、多くはこの３種類になります。鶏糞は肥料分が多くて分解が早いため、初期から急激に肥効が働き野菜に作用します。しかし、肥効期間が短いのが欠点です。短期間の栽培をする軟弱野菜（ホウレンソウ、コマツナなど）に適します。牛糞は作物繊維を多く含まれていますので、初期には肥効が少なくて、後半になりますと大きな肥料効果が得られます。作物繊維を含んでいるために、初期に軽い窒素飢餓（欠乏）を生じる場合があります。用いる野菜として、後半に肥料を多く必要とするものに適します。スイカ、カボチャ、人参などです。豚糞は初期から後半まで肥効が続く堆きゅう肥です。幅広い野菜に用いられています。特に、収穫期間の長い野菜に合います。キュウリ、トマト、ナス、ピーマンなどがこれに属します。用いる堆きゅう肥を選択するのも野菜作りには必要となります。

　芋類は最初に地上部を作り、後半は肥料をあまり必要としません。後半に肥料が効きますと、品質・食味が悪くなります。

●腐植の効果

　堆肥は土壌に入り腐植に変わります。その腐食に窒素、リン酸、カリなどの肥料成分を含んでいて、その肥料成分は野菜にゆっくりと効きますので、肥料障害が出ません。腐植には糊のような働きがあり、土壌粒子を結びつけて、団粒構造を発達させます。団粒構造によって土壌の保水性、通気性を高めて、根張りをよくします。また、土壌中のアルミニウムなどに吸着しているリン酸は野菜が利用できない苦溶性リン

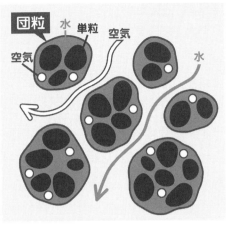

図2　団粒構造の構図

酸で、腐食が水溶性リン酸に変えて、野菜に吸収し易くさせます。また、微生物の活動もよくします。

※団粒構造とは、土壌中には土の粒子があります。この小さな土の粒子を微生物によって結合して、大きな塊を形成します。この塊で形成された土壌を団粒構造と呼びます。大きな団粒になりますと、隙間が多く出来て水、肥料、空気などが隙間に存在し、根の張りがよくなります。

●根には酸素が必要です

　野菜には水と肥料があれば生育すると思っている方が多いと思いますが、根は酸素を吸収して、水、肥料、酸素で生育をしています。根から酸素を吸収できなくなったら、野菜は萎れてしまいます。土壌においても団粒構造の発達の悪い畑では土と土の間隙が小さくて酸素の供給が悪くなり、根の張りが悪くなるため、野菜全体の生育が悪くなってしまいます。団粒構造を腐食などでよく発達させて野菜の根が十分に行き渡るようにすることが大切です。

　水耕栽培は養液に野菜の根が浸かっているから、水と肥料で生育していると思っている方が多いですが、停電で養液に酸素を送り込むポンプが停止しますと、野菜は萎れてしまいます。つまり、養液の溶存酸素がなくなりますと野菜は生育することができなくなります。根には酸素が必要なのです。

図3　水耕栽培

●肥料の働き

　窒素肥料は細胞の増殖に働きます。そのために、野菜全体の発育をよくします。一般的に窒素肥料を葉肥とも言われています。リン酸肥料は根の発育を良くして発根力を盛んにします。育苗での培土には多くのリン酸肥料を含んでいます。このリン酸肥料が根や茎の数を増やして、花器の発達をよくします。果菜類では、特に重要な肥料です。カリ肥料は根の発達をよくし、開花や結実を促進させます。同化産物の転流に大きな働きを示し、体内のタンパク質やデンプン質を各器官に移動させ、蓄積にも働きます。石灰肥料は細胞同士の結び付けを強くし、病原菌の侵入を抑えて発病しにくくします。その他に、根の正常な発育を促します。苦土肥料は光合成を行う葉緑素の構成元素の１つです。苦土が欠乏しますと葉色が淡くなり、光合成の能力が低下して生育が悪くなります。

　肥料には生育に相助作用と拮抗作用があります。特に、拮抗作用が作物の生育に大きな影響を与えます。その拮抗作用とは、肥料同士で肥料の持っている効果を打ち消し合うことを言います。土壌中にどれかの肥料が多くなってしまいますと、その多くなった肥料が与えたどれかの肥料の効果を妨げてしまいます。例えば、カルシウムが過剰になれば、マグネシウムやカリウムの欠乏症状を野菜が起こします。マグネシウムが過剰となればカルシウムとカリウムの欠乏症状を野菜が起こします。肥料のバランスを考えた施肥が必要です。そのバランスとして、石灰（カルシウム）：苦土（マグネシウム）：カリ（カリウム）の比率は５：２：１となります。作物の過剰障害や欠乏症状は単に過剰や欠乏ではなくて、拮抗作用も考えるべきです。

※葉緑素は野菜の細胞内に存在する緑色の物質で、光が当たると光合成を行います。根から吸収した水と葉から吸収した炭酸ガスで、光エネルギーを使って葉緑素が同化産物（糖類）を作ります。

※拮抗作用とは、２種類の肥料が互いに作用して、働きを打ち消すことで、その肥料の効果が消えてしまいます。土壌中に有効菌と土壌病害菌が存在していて、互いに作用を抑えていれば、土壌病害は発生しないことになります。

●石灰の重要性

　石灰肥料は酸度調整だけを考えている方も多いと思います。細胞同士を結び着けている細胞壁に働き、セルロース、ペクチン質の結合に作用し、細胞壁を強化し、病原菌の侵入を防ぐ効果があります。石灰欠乏による生理障害には、チップバーン、芯腐れ症、尻腐れ症などがあります。

※チップバーンとは、葉の周辺が茶色に枯れてしまう現象で、コマツナのチップバーンは
　よく見かけます。夏場の発生が多いです。

●肥料設計

　野菜を作るのに必要な肥料を畑に施す量を計算することを言います。３坪の畑に施
す肥料のバランスを考えることが必要です。野菜には、それぞれ適した肥料があります。肥料を多く施すと収量も上がると考えていますが、野菜の適正量を超えた量を施
しますと、生育が逆に悪くなり収量も低下していきます。肥料と収量には関係があり
まして、この法則を収量逓減の法則と呼ばれています。本書では、化成肥料（８-８-８）
を用いて設計がしてあります。

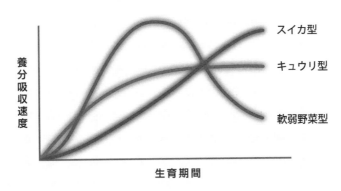

図4　肥料吸収パターン

　肥料の吸収パターンには３つあり、１つは、スイカ型のグラフで生育初期に肥料の
吸収が少なく、果実肥大に合わせて段々と吸収量が多くなるタイプです。このタイプ
はスイカ型で、これに属する野菜には、メロン、スイカ、カボチャ、ニンジン、ゴボ
ウなどがあります。

　２つ目は、キュウリ型の示したグラフで栄養生長と生殖生長が同時に進行する野菜
で、安定した肥効が出来る肥料吸収となります。このタイプはキュウリ型で、これに
属する野菜には、トマト、キュウリ、ナス、ピーマン、ネギ、インゲン、ダイコン、キャ
ベツなどがあります。

　３つ目は、軟弱野菜型のグラフで生育期間の短い葉菜類や生育後半に肥料分がある
と品質が低下するイモ類があります。これらの野菜は元肥主体の施肥設計が望ましい
です。このタイプは軟弱野菜型で、これに属する野菜には、コマツナ、ホウレンソウ、
カブ、ジャガイモ、サツイモ、レタスなどがあります。

　野菜の種類によって、後半に多くの肥料を必要とする場合の施肥方法は栽培の前半

にはゆっくりとした肥効の肥料を用い、栽培の後半には肥効の高い比較的速効性の肥料を与えます。収穫期間の長い作物であるトマトやキュウリなどは、生育の初期からいつでも同じ肥効をする肥料を用います。元肥も多く施しますし、追肥も定期的に行う施肥設計が必要となります。軟弱野菜や芋類の肥料は、初期に多く肥料が吸収されるような施肥が適します。軟弱野菜は栽培期間が短いために、肥効が短い肥料でよいですし、芋類は初期に旺盛な生育をさせて、光合成を十分に行い、養分を十分に蓄積させて、後半は肥料吸収を抑えて、蓄積した同化産物を芋になる部分に転流させます。後半に肥料が効きますと草勢が強くなり、芋の出来が悪くなります。また、品質も低下します。

　この３つに分けた肥料吸収パターンに沿った肥料設計をすることにより、収量の増と品質の向上が図られます。野菜の吸収に沿った肥料を与えることにより、経済性にもつながります。

　化成肥料（8-8-8）は緩効性肥料の働きが大きいので、多く施しても大きな影響は出にくいです。

●野菜の肥料成分の働き

　野菜は生育に必要な肥料成分が不足しますと、生育が悪くなります。生育を回復させるには肥料を与えますと、生育が良くなってきます。野菜作りには野菜に合った肥料を安定的に与えることにより、よく育った野菜を収穫することが出来ます。この肥料成分の働きを知ることが重要となります。

●肥料成分の基本

　土壌にはもともと肥料を含んでいます。野菜を作るには不足している肥料もあります。それを補うために、野菜を作る前に不足している肥料を土壌に与えて肥料成分を補います。

　野菜の栽培に欠かせない化学成分として、１６種類の成分があります。しかし、大気中などから吸収するものとして、炭素、酸素、水素の３つの成分を除き、肥料としているのが１３成分となります。その１３成分で、特に重要な成分を３大要素と言われています。その３大要素は窒素、リン酸、カリです。これが欠乏しますと生育に様々な症状が出ます。この３大要素を基準として表すのが元肥です。野菜の種類によって、この３大要素のバランスが異なっています。

　化成肥料（8-8-8）に含まれている肥料は窒素、リン酸、カリです。

●３大要素（窒素、リン酸、カリ）の働き

窒素

野菜の細胞の主成分となるタンパク質などを構成しています。葉肥と呼ばれています。葉や茎の生長を促します。窒素が欠乏しますと、葉が小さくなり葉色も淡くて薄くなります。茎では欠乏しますと伸びが悪くなります。窒素が多くなりますと、葉が大きくなり、葉色も濃くなり、花の開花が悪くなります。果実の着果も悪くなり、茎も伸びがよくて軟弱となります。葉が軟らかいので病害虫の被害も多くなります。

リン酸

花を咲かせたり、果実を成らせたりするのに必要な成分です。花肥とか実肥とか呼ばれています。リン酸肥料が少ないと花や実が小さくなり、その数も少なくなります。過剰の場合には弊害が出にくいですが、鉄や亜鉛の吸収を妨げることがあります。

カリ

同化産物からデンプンの生成を促したり、耐病性を高めたりする働きがあります。根の発育に欠かせない成分で、根肥とも呼ばれています。不足しますと葉が変色し、根腐れが起こります。同化産物の転流にも作用しますので、果実の味が悪くなり、肥大も悪くなります。過剰になりますと、カルシウムの吸収を妨げます。

●中量要素と微量要素

野菜が多く必要とするものは３大要素ですが、それ以外に必要とする中量要素や微量要素があります。

これらの中量要素や微量要素は多く必要としませんが、他の成分を効果的に働かせるために必要な成分です。

●中量要素（カルシウム、マグネシウム、イオウ）

カルシウム

野菜の細胞壁の構成成分で、細胞壁組織の強化に働きます。

マグネシウム

光合成をする葉の構成物の１つである葉緑素の成分です。

イオウ

野菜を構成しているタンパク質の成分の１つです。

●微量要素（鉄、マンガン、ホウ素、亜鉛、モリブデン、銅、塩素）

鉄

葉緑素の成分の1つです。

マンガン

葉緑素の成分の1つで、ビタミン類の合成にも働いています。

ホウ素

野菜の細胞壁を作るカルシウムの転流に働きます。

亜鉛

細胞内のタンパク質の合成に作用します。

モリブデン

ビタミンの合成に作用します。

銅

葉緑素の成分の1つで、光合成に関与しています。

塩素

光合成に関与しています。

●土壌検査の落とし穴

　土壌検査の結果により前年の野菜の生育状況を判断して施肥設計をします。よくある失敗例は、土壌検査でリン酸が多いから元肥にリン酸肥料を少なくしたり、カルシウムが多いと結果が出て、カルシウムを減らしたりしますと、逆に、リン酸やカルシウムの欠乏となることが多いです。

※土壌検査とは、畑の土の中に残っている肥料分や土壌の酸度（pH）などを調べる検査を言います。簡単な検査では、窒素、リン酸、カリ、カルシウム、マグネシウムなどの残肥が分かります。作っている野菜の生育が悪いと思われれば土壌検査を受けて下さい。

　土壌検査で、リン酸肥料が多いとの結果が出てもそのリン酸肥料は苦溶性リン酸であり、そのリン酸肥料が土壌中に多くあると思って元肥にリン酸肥料の施肥をしないと、栽培した野菜の生育が悪くなってしまいます。分析する際に、苦溶性リン酸を水溶性リン酸に変えて調べるために、土壌中のリン酸がどのような形態で存在しているかを知らずに、ただ、リン酸肥料が多いとの結果を見て肥料設計をしますと、栽培で大きな落とし穴になります。

●肥料の効き方の違い

大きく分けて、肥料の効き方に違いがあります。速効性と遅効性とがあります。

速効性肥料

野菜に与えますと、すぐに吸収される肥料です。すぐに吸収されて効果が現れますが持続性の短い肥料です。水に溶けやすい肥料で、化成肥料などが速効性となります。中には、ゆっくりと解けていく化成肥料もあります。液肥も速効性肥料となります。

緩効性肥料

土壌中で、ゆっくりと分解して、長期に渡って肥効が続く肥料です。果菜で収穫中に使う肥料ではなく、元肥として用いる肥料となります。緩効性の肥料には固形が多く、コート肥料が代表的な肥料となります。待ち肥とも言われます。

有機質肥料も緩効性の肥料となります。

●有機肥料と無機肥料

有機質肥料

動物や植物から作られた肥料で、魚粉、畜産糞、骨粉、油粕、大豆粕、草木灰、米ぬかなどが有機質肥料です。有機質肥料は土壌に入れたら、野菜にすぐ吸収されるのではなく、微生物に分解され、無機化したものが野菜に吸収されます。ゆっくりと時間をかけて効いていきます。有機質肥料にはさまざまな肥料成分が含まれています。また、無機化したものには、硫酸や塩素などの余計な成分が含まれていませんので、土壌の塩類濃度障害などの発生は少ないです。追肥には不向きな肥料となります。

無機質肥料

無機質肥料は与えますと、すぐに吸収されます。一般に、化学肥料がこれにあたります。化学肥料は人工的に合成されたもので、化合物や天然物から科学的に加工されたものなどです。窒素、リン酸、カリの３大要素を含んでいる無機質肥料を複合肥料と言います。

よく言われることに、有機質肥料は良くて、無機質肥料は悪いとのイメージがあります。また、化学肥料で栽培した野菜は美味しくなく、健康にも良くないと言われて、肥料を使うときの問題点にもなっています。無機質肥料は肥効が早く、野菜に吸収されるため、与え過ぎてしまう場合が多くあり、そのために、野菜の内部に硝酸態窒素が多く含まれてしまい、味が落ちて、健康に良くない野菜になるケースが多く、化学肥料はダメとのラベルが貼られたと思います。無機質肥料でも適正な使い方をして、代謝不良を起こさなくすれば、美味しい野菜になります。有機質肥料はゆっくりと分

解されて、ゆっくりと吸収されるため、代謝異常の発生が少ないので味の良い野菜になります。野菜の味は化学肥料の与え過ぎが原因となります。

※塩類濃度障害とは、長く同じ畑で野菜を作っていますと、野菜が吸収できなかった肥料分が畑に残ってしまい、その後、同じ畑で野菜を作りますと極端に生育が悪くなることを言います。特に、カリ肥料の残肥の影響が大きいです。

●上手な施肥方法

　野菜を作る前に、施す肥料はどの肥料が適しているかを調べ、肥料を与えるときの判断が必要となってきます。野菜によって、栽培期間の短い野菜、栽培の後半に肥料をよく効かせる野菜、栽培の後半にはあまり肥料を必要としない野菜、栽培期間中は常に肥効を高めている野菜など色々なタイプの肥効をさせる肥料の施し方があります。その肥効に合った肥料を選ぶことが、よい品質の野菜作りになります。

　異なった肥効に合わせるために、色々な種類の肥料があります。化学肥料を使う方が多いです。化学肥料には、低度化成、高度化成、有機入り化成があり、それらの化成肥料には速効性と緩効性と分けられています。有機質肥料は肥料成分が少なくて緩効性です。これらの肥料を組み合わせて、野菜に合った元肥や追肥を設定します。

　肥料には化学肥料から有機質肥料まで種類が色々とあります。その特徴や性質は異なっていますので、野菜に合う肥料を施しますが、与える場合に施肥基準より少なく施すことが大切で、施肥基準より多く与えますと野菜に害となります。

　肥料を基準より多く与えて栽培して、生育障害が現れたときに、土壌の改善は難しくなります。生育に肥料が不足気味の場合は追肥として与えることが出来ます。元肥として多く肥料を与えるより、肥料は与える量を少なくして、回数を多く施した方が野菜の生育によいです。野菜に多くの肥料を与えることにより、軟弱で大きな姿の野菜になり、病害虫に侵されやすくなります。追肥を行う場合に、定期的に与えるのではなく、生育の状態をよく観察してから追肥を施すことが大切です。

●リン酸肥料について

　リン酸肥料は肥料設計で、どの野菜においても多く施しています。しかし、野菜の肥料吸収では窒素肥料とカリ肥料は多く吸収されていますが、リン酸肥料の吸収量は少なくなっています。これは、施肥設計でリン酸肥料を多く施すのは土壌中のアルミニウムなどに吸着されて、水溶性リン酸から苦溶性リン酸に変化してしまい、苦溶性リン酸は野菜に吸収されなくなります。水溶性リン酸肥料を畑に施しますと、１０日

以内に８０〜９０％の水溶性リン酸肥料は土壌に吸着されて、１０〜２０％の水溶性リン酸肥料しか残りません。それを野菜が吸収して利用していることになります。その土壌に吸着される量を前もって考えて、リン酸肥料は野菜の利用する量が少ないですが、野菜の吸収する量の４倍以上のリン酸肥料を入れていることになります。そのために、土壌には苦溶性リン酸肥料が多く残り、土壌分析をしますと、リン酸過剰の判定が出てしまうことになります。この苦溶性リン酸肥料を有効に利用するには、堆肥などの有機物を多く施して、腐植を増やすことにより苦溶性が水溶性に変わり野菜に利用されることになります。

　苦溶性リン酸が土壌に多く残っている場合には、有機物を多く投入して、それが分解されて有機酸となり、苦溶性リン酸を水溶性リン酸に変化させます。よくクエン酸を畑に施しますと野菜の生育が良くなると言われています。クエン酸の酸度が苦溶性リン酸を分解しているからです。

ちょっと知識

石灰窒素の重要性

　石灰窒素肥料は石灰と窒素を畑に供給するにはよい肥料です。昔はよく使われていた肥料で、藁などの有機物を畑に入れますと分解に時間が掛かります。その時間短縮に石灰窒素を入れますと早くなります。また、藁などの有機物を畑に入れて、完全に分解する前に野菜を植えますと、窒素飢餓（窒素不足）の状況となり、植えた野菜の葉色が淡くなることがあり、それを防ぐためにも石灰窒素を入れる場合もあります。ただ、危険な肥料で使用方法には注意が必要です。肥料の形態には粉剤と粒剤がありますので、肥料として用いる場合には粒剤の石灰窒素をお勧めします。石灰窒素の窒素成分は高くて２１％も含まれています。石灰窒素を畑に入れて、すぐに野菜を植えますとガスが発生して軽い生理障害が出ることもありますので注意して欲しいです。

　石灰窒素は土壌消毒として有効に使われています。畑に石灰窒素を入れて、耕耘して土壌と石灰窒素を混和し、その混和した畑をビニールなどの被覆材で覆います。石灰窒素はカルシウムシアナミドを含んでいる農薬でもあり、そのカルシウムシアナミドによって土壌が消毒されます。

　以前、キュウリ栽培農家の集まりがあり、その場で、元肥に石灰窒素を使っている方は少ししかいませんでした。その石灰窒素を元肥に使っている方に病気の発生状況を伺うと、少なくて褐斑病などの発生も少ないと言われました。昔は元肥に石灰窒素が多く使われていましたが、最近、使う方が減ってきました。病気の発生も少なくなるので、元肥に石灰窒素を使うことを勧めます。

3．育苗管理

●播種について

種子は十分な水分を与えることにより、種子内に水分が入りますと、種子内のデンプンが分解酵素により糖に変化します。胚に糖が移行し、芽が動き始めて、それが伸長して発芽となります。水分を種子が吸収しても温度が低く、酸素がないと酵素が働かなくて、デンプンは糖にならずに発芽をしません。また、過剰な水分を与えますと、種子内に多くの水分が吸収されて、種子は

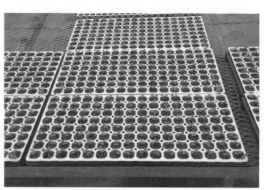

図5 播種したセルトレー

腐り始めます。発芽をよくするには適した水分、温度、酸素が必要となります。

種子には種孔や臍（豆類などの黒い部分）から水分を吸収しています。特に、豆類を播く場合には、臍の部分を下にして播種します。その臍から水分を吸収して発芽を始めます。その臍から根などが伸びていきます。臍を上にして播種しますと、地上部に根が伸びて出てしまいます。注意して種子の方向を見て播種をします。

よく見かけますのが、播種箱に種子を播いてもなかなか発芽をしなくて、発芽しないと思って、残土置き場に発芽しない種子と培土を捨てますと、数日してから発芽をしていることが多く見受けられます。つまり、捨てたことで酸素が吸収されて発芽をしたと考えられます。カボチャやインゲン豆のような大きな種子に起こります。

※胚とは、種子の内部に存在していて、生育しますと芽になる部分です。

※種孔とは、種皮にある極小さい穴を言います。

●発芽について

種子は水を与えることにより、浸透圧で種子内に水分が入り、種子内に貯蔵していたデンプンが水と酵素により糖に変化して、胚に移動し、胚が生長を始めて芽となり伸びていきます。このときの環境として、それぞれの野菜に適した温度が必要で、また、土壌中の酸素量も十分に存在することが必要となります。特に、培土が締まり過ぎたり、水分を多く与えたりして土が締まったりしますと、培土中の酸素が不足となり、発芽が悪くなります。豆類などは種子が大きくて、水分の吸収がよいので、水分を多く与えてしまいますと、急激に水分を吸収し過ぎて、種子が腐敗して発芽不良に

つながります。

　未熟種子の発芽が悪いのは、種子内のデンプン含有量が少なく、未熟種子が給水をしてもデンプンの量が少ないために糖に変わる量も少なくて、胚の生長に必要な糖分が少なくなり、発芽が大きく遅れてしまいます。種子内で発芽に働くジベレリンの活動も悪くて発芽が遅れることになります。古い種子も発芽が悪くなります。これも種子内のデンプンが変性しているのが原因となります。

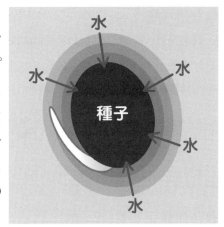

図6　種子の吸収図

●発芽温度

　野菜の原産地を見ますと、果菜類は主に温帯から熱帯に分布していて、発芽温度は高く２５℃前後となり、葉根菜類は温帯から亜寒帯に多く分布しているので、発芽温度は低くて２０℃前後が多いです。野菜の最適発芽温度を知ることは、発芽不良を防ぐことにつながります。

　種子に温度を与えますと、種子内の酵素の活性を高めます。

　野菜の適正温度に達していない時期に播種する場合には、不織布のような保温効果がある資材を播種した場所にべたかけをして、地温を高めますと低温期でも発芽をします。

●鎮圧の重要性

　種子を播種箱に播いた後に覆土をして、軽く鎮圧をしますと発芽がよく揃います。鎮圧をすると播種床の表面が締まって発芽が悪くなると思っている方が多くいますが、鎮圧をすることにより、播種床の表面が締まり、乾燥を防ぐことになります。鎮圧をしないと表面から水分が蒸発して培土が乾くために発芽不良を招きます。

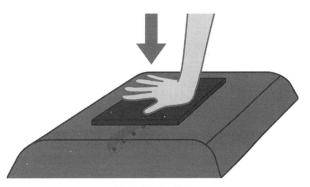

図7　鎮圧の様子

17

●育苗管理

育苗を行う野菜には、果菜類はほとんどが行います。葉菜類では一部の野菜が育苗をします。キャベツ、ハクサイ、レタス、ブロッコリー、ネギ、タマネギなどが育苗をします。根菜類はほとんど行いません。

また、果菜類では、接ぎ木をして土壌病害の回避や収量の増加を得るために行っています。トマト、キュウリ、ナス、スイカなどの営利栽培ではほとんど接ぎ木をしています。

●苗作り

果菜類（トマト、キュウリ、ナス、スイカ、メロン、ピーマンなど）は育苗に時間が掛かり、管理に手間がかかるので、苗を購入することをお勧めします。葉菜類の育苗は比較的管理がし易いので、家庭菜園の方にはお勧めします。

●葉菜類の育苗について

培土には、少量の肥料が含まれています。培土１リットルの中に窒素成分で１００～２００ｍｇ含まれています。葉菜類の培土としては、１００～１５０ｍｇのものが適しています。夏の育苗では肥料分の少ないものを用います。１００ｍｇ程度の培土が良いです。

培土には、物理的な面も考慮してあり、排水性、保水性、通気性を持っています。ピートモスなども含まれていて、撥水性があります。

育苗に用いるセルトレーには色々な種類のものがあります。キャベツ、ハクサイ、ブロッコリーの苗は本葉４枚と大きい苗になりますので、１２８穴のセルトレーを使い、レタスは苗が本葉３枚と小さいので、２００穴のセルトレーを使います。培土の詰め方として、セルトレーに培土を詰めますが、その前に行う作業は培土に水を与えて培土に適度な水分と空気を混ぜます。

市販の培土には撥水性が強いので、そのままセルトレーに詰ますと、水をジョウロで与えてもなかなか浸透しません。培土に水を与えて、よく混

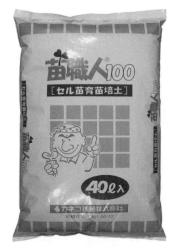

図8 市販の培土

図9 培土の攪拌

和して空気を混ぜてからセルトレーに詰めますと、よく水が浸み込んでいきますし、培土に空気が混ざります。発芽には水と空気（酸素）が必要です。

　培土を詰めたセルトレーに播種するとき、種子を播種する深さは種子の厚さの３倍と言われ、コート種子も同様に播種します。播種した後に覆土をします。

　しかし、レタスなどの光好種子は、深く播きますと発芽が悪くなります。レタスの種子の深さは、人差し指の腹で軽く押さえて、窪みを作り、その浅い窪みに種子を播き、薄くバーミュクライトで覆土をします。

　セルトレーに播種するときに、１穴に１～２粒播きます。播種後に覆土をして軽く鎮圧をします。

　播種して覆土をした後に、十分なかん水をします。種子は水分を吸収し、発芽を開始します。水分不足になりますと発芽の不揃いが発生します。

　コート種子の場合には、多目のかん水をします。

　播種後に発芽の適温にします。キャベツは１５～３０℃と温度幅が大きい野菜です。ハクサイは２０～２５℃と

図10　播種

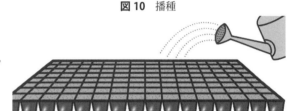

図11　かん水

キャベツに比べて幅が狭くなっています。レタスは冷涼な気候を好みますので、発芽温度も１５～２０℃と低くなります。適温でない時期にはトンネルなどで被覆して温度を適温に保っていきます。

　一般的に発芽温度はほとんどが２０℃前後で管理をしています。

　時々、セルトレーを見て、播種から発芽まではセルトレーの表面が乾かないように水管理をします。

　発芽後の注意点として、本葉が１枚展開するまでが一番徒長をしやすい段階ですから、発芽後には換気し、光をよく当てます。発芽後のかん水には注意が必要です。胚軸が長くしないよう管理します。

　育苗中のかん水は徒長に注意し、朝のかん水はたっぷりと与えますが、昼にセルトレーの乾き具合をみて、乾いていれば夕方までに乾く程度のかん水をします。夕方のかん水は基本的に行いません。

　温度のある夏の夕方のかん水は徒長苗に繋がります。水分が多い管理をしますと、

地上部の葉は細くて長くなり、地下部の根の張りが悪くなり、鉢根が少ないセル苗になり、植え付け後の根付きが遅れます。

　高温時には、発芽した幼葉が焼けたり、セルトレーの乾きが早くなったりします。育苗床に寒冷紗などで遮光して苗を強い光から守ります。

　苗も光合成をして生育していますので、朝と夕方には光を当てます。日中の高温時だけの遮光をします。

　夏の育苗は、高温になりますので、発芽後の苗が焼けることがあります。黒い寒冷紗などで遮光して苗を守ります。また、害虫からも苗を守ることが出来ます。

　キャベツ、ハクサイは育苗期間が２５～３０日くらいと長くなりますので、育苗後半になりますと、培土の種類によって苗の葉色が淡くなる場合があります。葉色が淡くなったと感じたら、薄い液肥を与えます。

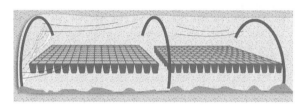

図12 寒冷紗での遮光

　葉色が淡くなりますと、光合成能力が低下し、生育が抑えられます。

　子葉は老化させないよう管理します。子葉は本葉の生育を助けていますので、発芽後に子葉を除去しますと、本葉の生育は著しく低下します。子葉は植え付け後まで健全に残すことが植え付け後の根付きを良くします。

　よく言われることは、根が母で、子葉が父で、本葉が子供です。父の存在が生育に大きな影響を与えています。

　どの野菜苗も適期の植え付けが望まれます。

　特に、キャベツ、ハクサイ、レタスなどの結球野菜は適期を過ぎた苗を植え付けますと、根付きに時間が掛かり、根付きをしても外葉の生育が悪く、小さな外葉となり、小さな球になり、悪い場合には不結球にもなります。キャベツ、ハクサイは本葉が４～５枚が適期で、レタスの本葉は３枚程度が適期となります。

　適期の苗になっても植え付けをする畑の準備の遅れや雨続きで植えられない場合もあります。もし適期の植え付けができなかった場合は、セル苗に追肥をして老化しないように管理します。

　葉数が多くなっても葉色のよい状態を保てば老化を防ぐことができます。

図13 キャベツ苗

4. 畝作り

●畝とはなにか？

畝を作ることに関して深く考えていない方が多いと思います。野菜の根は畝の肩（サイド）から酸素を吸収しているため、乾燥しないような高さで畝を作ることが、野菜の生育をよくすることに繋がります。

図14　畝の根張り

一般に畝の高さは１０〜２０cmが多いです。砂質の畑では畝を低くし、粘土質の畑では高くします。

●マルチ張り

マルチの効果には、乾燥防止と地温の確保とがあります。低温期の栽培では地温が低いと根の動きが悪くなり、根付きが大きく遅れます。そのために畝をマルチで覆って地温を上げます。低温期のマルチの種類は透明マルチやグリーンマルチを用います。太陽光線を透過させるマルチを使って、畝に蓄熱させて地温上昇をさせ、植え付けした野菜の根付きを促します。次に、乾燥防止の目的で用いる場合は、乾燥しやすい時期は気温の高いときで、地温が高くなっているので保温の必要がありません。この時期には黒マルチを用います。黒マルチは太陽光線を透過しませんので、畝の気温の上昇を防ぐことが出来ます。しかし、低温期に黒マルチを使いますと、畝の地温が上がらずに根付きが遅れます。マルチの種類を季節によって選ぶ必要があります。キュウリ、トマト、ナスなどは低温期にグリーンマルチを使って根付きを促しますが、長期の栽培になりますと、高温期でもグリーンマルチで栽培することになります。高温期のグリーンマルチは地温が生育適正温度よりかなり高くなるために、根が焼けてしまい収量低下に繋がります。高温期に入れば、マルチを変えるかマルチの上に遮光材などを載せて地温上昇を防ぐ必要があります。

●サツマイモの芋は畝のサイドに多い

根は畝の中心には少なく、多くは畝の肩（サイド）に集まっています。サツマイモも同様で根が肩に集まり、サツマイモの芋は根が変化したもので、当然、畝の肩に芋が出来ます。畝を高くし、酸素が根に吸収しやすいように畝を高くする必要があります。サツマイモの畝の高さは２０〜２５cmです。一般の野菜に比べて高く作ります。

５．栽培管理

●植え付け直後の管理

　苗を植えた後には必ず株元にかん水をします。植え付けして１週間程度は根が鉢土の部分から畝の土には伸びてなくて、鉢土の水分で生育しています。最初の株元かん水から３日後を経過しますと、植えた苗の株元を見ますと、白く乾いてきます。そのまま放置しますと萎れますので、乾いたら株元にかん水をして、１０日間は萎れないように株元に２〜３日の間隔でかん水をします。根が鉢土から畝の土に根が張り出したら、株元かん水を止めます。

図15　株元かん水

図16　鉢の根張り

●整枝と摘葉

　どうして整枝や摘葉が必要なのか？この整枝や摘葉は果菜類や蔓性の豆類には必要な作業となります。難しい話になりますが、トマト、キュウリ、ナスを植物本来のように放任して生育させますと、生育は旺盛となり枝が多く伸びてしまいます。そのために果実（余剰生産物）には送られる養分の量が少なくなり、枝や葉には多くの養分が流れるようになります。トマト、キュウリ、ナスなどの果菜類はのびのびと生育をします。しかし、園芸的に考えますと果実の収穫量が極端に少なくなり、営利的には問題となります。つまり栽培とは枝や葉などの無駄となる部分を摘み取り、できるだけ果実に養分を送り、果実の収穫量を増やすことが野菜栽培となります。

※余剰生産物とは、野菜の生育を調べることを生長解析と呼びます。葉菜類では食べる部分は葉なので、その葉の生育を調べればよいのですが、果菜類は食べる部分が葉ではなくて果実です。葉の増加を調べると単純な増加をしますが、果菜類は次から次へと果実が成ります。複雑な生育となり、その果実の収量を余剰生産物として、葉とは別に調べることにしています。

●整枝

　整枝の技術は果菜類だけの管理となります。果菜類は枝を伸ばして生育をするのが本来の姿で、果菜類は果実を収穫する野菜です。放任して枝を伸ばす栽培管理をしますと、光合成で得られた同化産物が各器官に流れて、収穫をする果実に養分の流れる量が少なくなり、草姿は旺盛でも収量の少ないことになります。多くの果実を収穫するためには余分な枝などを摘んで、果実の方に養分を送ることで収量増に繋がります。そのために伸びている枝を摘むことを整枝と言います。畑は限られた面積であるために、不必要な枝を摘み取り、コンパクトに仕上げる必要があります。

　果菜類には、未熟果を収穫するキュウリ、ナス、ピーマン、ズッキーニ、ニガウリなどがあり、また、熟した果実を収穫するものにトマト、スイカ、メロン、カボチャ、カラーピーマンなどがあります。未熟果を収穫する果菜類は収穫期間が長く、常に収穫をしています。熟した果実を収穫する果菜類は収穫を1度に行います。しかし、トマト、カラーピーマンは熟した果実を収穫しますが、収穫期間は長くて、未熟果を収穫すると同じ栽培になります。

　未熟果を収穫する野菜と完熟果を収穫する野菜も同じ果菜類になります。この果菜類は主枝の節から枝を発生させる特性があります。摘まずに放任しますと、無限的に伸長を続けます。光合成で得られた同化産物は各器官に分配され、果実の器官に送られれば肥大や糖分の蓄積に使われます。枝や根に送られれば、枝の成長点の生育に使われ、根では根張りに使われます。枝を摘まずに放任しますと、生育が旺盛となり、養分の分配をする際に、果実に送られる養分の割合が少なくなり、収量の減少に繋が

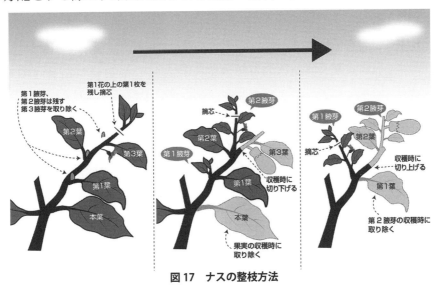

図17　ナスの整枝方法

ります。枝を摘むことで果実に送る養分の分配率を上げることで、収量増になります。これを整枝と呼びます。

　整枝技術とは、果実の方に多くの養分を送り、草勢も維持できるように枝を摘む技術を言います。枝が伸びたら摘むのではなく、どの枝を摘むことにより、草勢を維持しながら、果実肥大を促すこと考えて行う必要があります。

　枝の摘み方は色々とあります。枝の先にある小さな芯を摘みますと、生育がおとなしくなり、生育に勢いがなくなります。長く伸びた枝を摘みますと、これも勢いがかなり悪くなります。適正な枝の長さになったら摘むようにすることが草勢の維持には大切なことです。

●摘葉

　古くなった葉や枯れている葉、病気になった葉などを摘み取ることを摘葉と言います。その他に、生育が旺盛になり過繁茂の場合に草勢を弱くする目的で葉摘みをする場合の摘葉があります。本来の果菜類の摘葉は光合成をしなくなった葉を摘み取り、無駄のない同化産物の流れにするのが目的です。葉には光合成能力と寿命とあります。一般の摘葉は葉の色が黄化して、見た目に古く感じられたら摘み取るのが多いですが、葉には光合成を行う期間があり、その期間は葉が展開してから４０日前後と言われています。光線のよく当たる場所の葉はそれより長く光合成能力があります

図18　インゲンの摘葉

が、期間は限られていて、いつまでも光合成を行うことはありません。葉色が緑色をしていても光合成が０の葉を多く着けていますと、呼吸作用が増大して、見かけの光合成量が少なくなり、果実肥大も悪くなってきます。この能力のない葉を積極的に摘むことを真の摘葉と考えます。摘葉をあまり行わない畑の果菜類は茂っていて果実が多く成っていると思いますが、よく見ますと果実は肥大せずに流れています。無駄な葉の多いことが原因です。

●葉の光合成の経過

　葉の光合成をする期間は、葉が展開してから４０日前後となります。それ以上を経

過しますと葉色が緑色をしていても光合成
は行いません。光合成が一番旺盛な時期は
葉が展開後２０〜２５日になります。

●光合成と水

　野菜は光合成を葉で行って、空気中に存
在する炭酸ガスと根から吸収される水を原
料とし、太陽光線のエネルギーによって、
葉の葉緑素の働きで炭水化物を作ります。この同化産物（炭水化物）により、野菜は
枝を伸ばしたり、葉が展開したり、果実が肥大したりします。栽培はこの光合成を効
率よく行わせることです。

　キュウリの根の張りが悪くて、土壌中の水分吸収が悪くなりますと、日中に葉が萎
れます。萎れている葉は水分不足のために順調な光合成が出来なくなり、同化産物の
生産が行われなくなります。光合成と根張りには大きな関係があります。団粒構造の
よく発達させた畑の野菜の根張りはよく、水分吸収も潤沢に行われるので光合成も十
分に行われ、草勢が強くて、収量も多くなります。

　かん水の方法によっても光合成の良し悪しは決まります。かん水の量によっても光
合成に差がでます。野菜の光合成は午前中に多く行われるので、かん水を行う時間帯
は朝に行うことが適しています。葉の萎れが生じないかん水が必要です。大量なかん
水量は土壌が締まるため、根が酸欠になり根張りを悪くさせます。適度なかん水量を
毎日行うことが大切です。葉の萎れを極力少なくすることで、光合成を高めて同化産
物量を多くし、収量を高めるための栽培を考えて欲しいです。

●かん水

　葉根菜類は播種後や移植後にかん水を行いますが、根付いたら基本的にはかん水を
しません。しかし、果菜類では果実の肥大に多くの水分を必要とするために、果実が
成り始めたらかん水を定期的に行います。かん水量は季節によって異なり、夏期は多
くの水を必要としますので多く与えます。冬期になりますとハウス栽培で多くの水分
を必要としませんのでかん水量は少なくなります。水はけの悪い畑に多くの水を与え
ますと、土壌が硬くしまり酸素の供給が悪くなり、生育が著しく悪くなります。ひど
い場合には水焼けと呼ばれる症状も発生します。

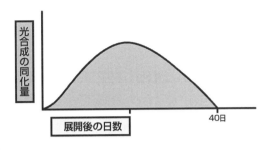

図19　光合成の能力の変化

6．追肥と草勢の維持

●追肥

　野菜の生育が進むにつれて、根からの肥料吸収量は多くなってきます。野菜が生育を保つために肥料を与えることを追肥と言います。葉菜類の場合には植え付け後2〜3週間以内に追肥を行います。果菜類では果実が成り始めたら追肥を開始します。果菜類の場合に収量をさらに上げるために肥料を多めに施すことが多いです。与え過ぎの追肥に注意が必要です。追肥とは肥料で、肥料は塩と同じです。多めの追肥は根に塩を与えると同じですから根傷みが生じて生育が悪くなっていきます。野菜に合った適量の追肥をします。生育が悪くなった果菜類を回復させるには追肥と考えて施しますが、多目に与えれば早く回復すると思いがちですが、多目の追肥は草勢をより悪くさせます。草勢の回復には追肥の量を通常より少なくして、回数を多く施した方が回復を早くします。少量の肥料によって、根の動きがよくなり回復につながります。

　キャベツなどの葉菜類で、植え付けてから、2週間くらい経過しますと追肥をします。植え付ける前に元肥として多くの肥料が施してあるのに、なぜ追肥をするのか。これは、昔によく行われた待ち肥だと思います。植え付けて2〜3週間後に畝と畝の間を中耕する際に、遅効性肥料（ＩＢ化成など）と一緒に土寄せをしていました。現在もその栽培を引きついて、中耕のときに追肥用の肥料を与えています。元肥が十分に働いていますので、速効性の追肥用肥料を与えることは過剰施肥になりますので、キャベツなどの追肥は速効性肥料ではなくて、遅効性肥料を中耕のときに施して、栽培中盤の結球開始時期から効果として現れます

●肥料の葉面散布

　液肥の葉面散布の主な狙いと期待できる効果は、次に挙げる4つの効果があります。

農産物の商品価値の向上：葉菜類の葉色向上、根菜類の肥大促進、果実の初期肥大・着色促進、果実のアミノ酸増加、花卉の開花促進と葉色向上・草勢回復などの効果があります。

生理障害の予防、養分不足による生育不良の早期回復：過湿による根腐れ、根圏温度の低下、土壌塩分集積がもたらす根障害など養分吸収低下時の応急措置として用います。

土壌中の微量要素・カルシウム・苦土などの不可給化の対策：土壌アルカリ化による鉄・マンガン・亜鉛・銅・ホウ素の難溶化、土壌酸性によるモリブデンの難溶化、リン酸過剰による鉄・銅・亜鉛の固定化、土壌乾燥によるホウ素・カルシウム・加里の

吸収阻害などを緩和させます。

天候不順による草勢不良の早期回復：寒害・風水害・干害・霜雪害などに起因した植物の生育不良を早期に回復させます。

●葉面散布の注意点

　養分吸収機能は根が担うもので、葉面散布は補助的な効果しかなく、施肥の基本は土壌施用であり、葉面散布は根の養分吸収を補う手段に過ぎないことを知って葉面散布を行います。

　病気が発生している野菜にアミノ酸を含んでいる葉面散布剤を散布しますと、逆に病気がひどくなる場合もあります。糸状菌の菌糸が伸びるのに必要な物質はアミノ酸です。アミノ酸を菌糸に与えてしまいますので、病気が発生している野菜には注意します。健全な生育をしている野菜にはアミノ酸の散布は有効となります。

●草勢の回復

　特に、果菜類（トマト、キュウリ、ナスなど）は栽培期間が長く、栽培の後半になりますと草勢が弱ってきます。それを回復するのに肥料を与えますが、多くの方は弱ったから多くの肥料を与えてやることで回復すると思っていますが、大きな間違いです。人にたとえて説明しますと、病気や体力の減退した人に、体が弱ったから栄養の付くものを与えれば回復すると考えて、ステーキやうな重などを与えますと逆に体が悪くなります。普通、弱った体にはお粥などを与えて少しずつ体力を回復させます。これと同じで、野菜も生育が弱ってきたら、追肥の量を少なくして、回数を多くする追肥にします。

　肥料は塩と同じで、弱った根に多くの肥料（塩）を与えますと、根は塩漬けのように弱ってしまい、回復が遅れて、枯れてしまいます。疲れた野菜にはゆっくりと回復させて欲しいです。

ちょっと知識

待ち肥えの効果

　畝に野菜を植え付けた後に、畝の肩当たりに杭などで、深さ２５cm前後の穴を開けて緩効性肥料を入れる方法と通路を中耕した際に緩効性肥料を入れる方法があります。どちらも植え付けた野菜の根が張り始めて、ゆっくりと肥料が吸収させます。果菜類では収穫を始める頃から、葉根菜類では結球や根肥大を始める頃に、肥料が必要とする時期にゆっくりと吸収されるように施します。そのときの待ち肥に緩効性肥料を使います。また、草勢の維持にも有効です。

7．地力の維持

●除草の必要性

　野菜を植え付けますと、すぐに雑草が生えてきます。そのまま雑草を放置しますと、雑草は植え付けた野菜より生育が旺盛のため、野菜を覆ってしまうような生育となり、野菜間の風通しが悪く、病気の発生が多くて、害虫も多く集まってきます。雑草の生育が旺盛になりますと、他の植物の生育を抑える物質を根から出すものもあります（アレロパシー）。雑草は早く除草をして欲しいです。

●土壌の劣化

　野菜を化成肥料で栽培する近代農業では、連作の影響もあり団粒構造が破壊されて野菜作りに悪い影響が出ています。同じ野菜を毎年同じ畑で栽培していますと、野菜の吸収しなかった肥料が畑に残り、残肥の量が多くなり、生育不良に繋がります。これを塩類濃度障害と言います。化成肥料の連用から土壌中の微生物も減少し、団粒構造の破壊と連作からくる塩類濃度障害により野菜の収量は毎年減少していきます。

●連作障害

　同じ畑で、同じ野菜を連続的に栽培しますと土壌病害が発生します。野菜の残肥が多く残り塩類濃度障害を起こし、野菜の草勢が弱くなり収量が低下します。また、野菜の根から分泌される生育抑制物質が土壌に蓄積されて、野菜の生育を阻害します。これらの要因を連作障害と呼ばれています。

　土壌病害の発生については、根から分泌される有機酸、糖類、アミノ酸は微生物（土壌病害菌）の餌になります。毎年、同じ野菜を栽培していますと、同じ有機酸、糖類、アミノ酸が蓄積されるため、同じ土壌病害菌が増えるために病気を発病させます。特に、ナス科やマメ科の野菜に発生する割合が多いです。そのために、収量や品質の低下に繋がります。連作をやめて輪作をお勧めします。また、有機物などの投入で、有効な微生物を増やすことで、土壌の有効微生物と土壌病害菌のバランスを保つことで土壌病害を防ぐことも出来ます。これを土壌の拮抗作用と言います。

　土壌の塩類濃度障害の発生について、野菜を同じ畑で栽培していますと、野菜はよく吸収する肥料とあまり吸収しにくい肥料があり、吸収しにくい肥料は畑に残肥として蓄積されます。この蓄積された肥料が野菜の生育を悪くしてしまいます。残肥によって生育が悪くなる障害を塩類濃度障害と呼びます。同じ野菜を連作したり、同じ科に

属する野菜を連続して栽培したりしますと障害が発生します。全く異なった科目の野菜の輪作をすることにより、塩類濃度障害や病原菌の蔓延の発生を軽減することが出来ます。

　いや地現象について、同じ畑で毎年同じ野菜を連続して栽培しますと、いや地を発生させます。野菜は多かれ少なかれ根から色々な分泌物を出しています。その分泌物の中に生育を抑制する物質が含まれていて、毎年、同じ野菜を作ることで、同じ生育抑制物質が分泌され、土壌に蓄積して植えた野菜の生育が悪くなることを言います。ナス科野菜に多くあります。どの野菜でも連作を避けて輪作をすることは大事です。
※連作障害とは、同じ畑に連続して栽培をしていますと、生育が徐々に悪くなっていきます。

　残肥の問題は別として、他の影響は連作によって土壌中に同じ病原菌の密度が高くなり、土壌病害を発生しやすくなります。また、連作障害の強い野菜は自ら生育抑制物質を根から排泄させて、土壌にその物質が蓄積した畑に同じ野菜を植えますと障害が発生します。野菜の中で、ナス科、エンドウ類などは連作障害がひどいです。ナスなどを作った畑には、次に違う野菜を作って下さい。

●団粒構造の良し悪しで、栽培が決まる

　団粒構造の回復には、油粕などの有機物の多用と燻炭などを畑に投入して微生物の量を増やすことによりよくなります。団粒構造を発達させた土壌では酸素供給もよく、根の張りが十分で収量増に繋がります。団粒構造が長く維持できる畝ではよい成績となります。畝の土壌の状態をみますと、栽培を始めてから1～2か月経過した時点で、畝の肩に指を挿してみますと、団粒構造のよく発達している畝の土壌は指が簡単に入っていきます。楽に指が入れば団粒構造がよく発達していることになります。団粒構造が発達してない土壌では、畑が冠水しますと、野菜が酸欠となり、萎れが激しく発生します。

●土壌塩類濃度障害の回避

　同じ畑で同じ野菜を続けて栽培をしていますと、その野菜が吸収しなかった残肥が畑に蓄積されて塩類濃度障害を起こします。この畑を元通りに回復させるには2つの方法があります。1つ目は物理的な解決方法で、土壌に蓄積された残肥を水で洗い流す湛水方法で

図02　ゴボウ畑の湛水

す。畑に水を３か月くらい貯めて、地下に塩分を流す方法です。２つ目は輪作の利用で、野菜を栽培した後に、イネ科植物などを栽培して野菜の吸収が出来なかった残肥を吸収させて、土壌中から残肥を減らす方法です。最近は簡単にできる緑肥作物の利用が増えています。その緑肥作物にはライ麦やソルゴーがあります。

●緑肥を用いた除塩の効果

緑肥作物として用いるイネ科植物には、ソルゴー、ライ麦、エンバクがあります。気温の高い時期に行う場合はソルゴーを用います。低温期の場合にはライ麦を使います。また、春先に使う緑肥作物にエンバクがあります。畑の空いている時期に緑肥作物を入れて除塩をします。ソルゴーの播種適期は４月から８月となります。ライ麦の播種適期は９月から１１月となり、エンバクは３月から５月の春播きと９月か１１月の秋播きとなります。

図21 緑肥の「ハルミドリ」

除塩の効果は、１０アールの畑でカリ肥料の吸収量は、ソルゴーならば３０～４０kg、ライ麦ならば２０kg、エンバクならば３０kg近くのカリ肥料を吸収します。この場合は緑肥作物でありますが、目的は除塩ですから鋤き込まずに刈り取って畑の外に出します。

●輪作の必要性

同じ畑で、同じ野菜を長く栽培していますと、土壌の劣化に繋がります。１つの畑に野菜を作る場合に、科目の異なった野菜を作ることにより土壌の劣化を抑えることが出来ます。これを輪作と言います。稲作の後にレタスやハクサイを作るとか、ハクサイを作った後にキュウリを作るとか、色々な組み合わせがあります。悪い例はジャガイモの後にトマトを作ること、また、キャベツの後にハクサイを作ることは同一科目の野菜となり輪作とは言えません。

江戸時代、明治時代初期の野菜栽培は化学肥料がまだできていなくて、土壌を肥沃にするために有機物の投入をしていました。春にマメ科野菜を作り、窒素固定させて土壌を肥沃にします。その後に果菜類、葉菜類、根菜類などの野菜を作ります。秋になりますと気温も下がり、野菜の栽培が終了しますと、土壌改善と食料生産で麦を播

きます。この輪作で土つくりと連作障害を防ぐ農業を行っていました。同じ畑を使われる場合には昔の栽培のような輪作をすることが必要です。

●輪作には緑肥作物を

連作障害の発生を抑えるために、野菜を栽培した後には緑肥作物を作ります。夏野菜が終了したら晩秋にライ麦などを播き、秋冬野菜が終了したら春から初夏にソルゴーなどを播きます。野菜とイネ科作物は肥料の吸収が異なりますので、この肥料吸収の違いを利用して連作障害を防ぐことにつながります。

●土壌病害の発生要因

土壌病害になりやすい土壌は酸度が酸性に傾いている場合が多いです。連作障害のところで説明してありますように、野菜などを常に同じ畑で栽培していても野菜の根からはアミノ酸、糖類などの老廃物を排出しています。野菜を連続して栽培していますとこれらの老廃物が蓄積され、それを餌として土壌病害菌が増殖し、野菜の根から侵入して発病に繋がります。

土壌消毒剤で土壌中の土壌病害菌を殺菌しますと、有効な微生物も殺してしまいます。土壌は無菌状態になります。土壌消毒をした後に完熟堆肥を搬入することが良い方法ですが、中には土壌消毒をする前に堆肥を入れて、その後に土壌消毒をする方がいますが、これでは畑が無菌状態なので、外部から病原菌が侵入した場合には激発的に土壌病害が発生します。

ちょっと知識

連作によるネギの黒腐菌核病について

最近、ネギの畑に多く発生して問題になっている病気です。発生しますと何年も菌核が土壌中に生き残ってしまい、発生しますと発生が毎年続いて発生する感染力の強い糸状菌で、現在では対策がなく、畑にネギ属でない野菜を作る輪作しかありません。

発生する要因として、畑の酸度が高く、排水性の悪い畑で、春先や晩秋の１０℃前後の気温が発生しやすいです。

感染した症状は、葉先が白くなり、生育が抑えられます。発病の初期には、ネギを掘ってみますと、軟白部に白っぽい菌核や黒いゴマ粒の様な菌核が着いています。さらに、病気が進行しますと、葉は黄色く枯れ上がって枯死します。

対策として、土壌消毒を行って菌核を死滅させるか、畑の環境改善しかありません。発生しやすい畑は酸性土壌で、石灰などで中性に近くします。土壌の排水を良くして、雨が降った後には畑に水が溜まらないようにします。

8．有機栽培とは

●有機栽培の野菜が人気？

　なぜ、有機栽培の野菜が好まれて、化成肥料で栽培した野菜が敬遠されるのか。野菜の根から吸収できる成分は、大きな物質（有機物）は吸収出来ないのです。有機物が土の中で、土壌に生存している微生物によって分解されて、有機物から無機物に変わっていきます。例えば、有機物の成分であるタンパク質がアミノ酸に変化し、さらに、アンモニア態窒素になり、硝酸態窒素になります。硝酸イオンとして野菜に根から吸収されることになります。化成肥料の中には硝酸態窒素から成るものがあり、それを土に入れますと、すぐに根から吸収されます。土に化成肥料を施したら、すぐに吸収されます。つまり、有機物も無機物になって吸収されるので、吸収される成分は同じになります。有機栽培は野菜にゆっくりと肥料成分が吸収されることがおいしい野菜になると思います。化成肥料の栽培でも緩効性肥料を使って、ゆっくりと吸収させれば、おいしい野菜になります。水耕栽培がおいしいと言われるのは、薄い肥料成分の水耕液で栽培しているからだと思います。

●有機栽培は土壌を良くします。

　有機栽培で、おいしい野菜になるもう１つの効果を説明します。有機物が土の中の微生物によって分解されて無機物にします。その過程で微生物が有機酸を出して、土の粒子を結び付けて、より大きな土の団粒を作ります。団粒が出来るとその団粒間に隙間が出来ます。その隙間が大きいほど水や肥料、空気を蓄える量が多くなり、根の張りも旺盛となり、野菜の生育も良くなります。つまり、野菜が生き生きとした生育になり、みずみずしい野菜が出来ます。

　有機物を多く投入することで、土の中の有効微生物が多くなり、土の中にいる土壌病害菌の増殖を抑制します。土壌病害の発生が少なくなります。菌の拮抗作用と言います。化成肥料だけで栽培をしていますと、土の中の微生物は徐々に減少するために、土壌病害の発生が多くなります。化成肥料での栽培には堆肥の投入を必ず行います。

9．病気と農薬

●病気を防ぐには予防

　農薬には、予防剤と治療剤があります。予防剤の働きは、野菜に農薬を散布しますと、葉や茎の表面に付着して、葉や茎に付着している病原菌が細胞内に侵入する前に効果を発揮します。

　胞子から伸びる菌糸を細胞内に侵入するのを阻止する力の強い薬剤です。細胞内に侵入した菌を殺菌する力は持ってい

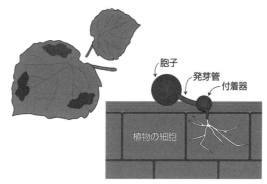

図22　病原菌の侵入図

ません。治療剤には細胞内に侵入した菌に対しての殺菌力を発揮します。

　予防剤の中では、銅剤の残効が長く、予防効果は高いです。銅剤には治療効果は期待できないので、予防剤として使って欲しいです。

　予防剤の特徴として、病原菌の胞子の発芽を阻害します。病原菌の胞子が葉や茎に付着して、菌糸が細胞内に侵入して発病する前に散布すると効果があります。カビや細菌など幅広い病原菌に効果があります。予防剤は薬剤耐性が付きにくいです。展着剤はパラフィン系の固着剤が有効です。

　銅剤は、植物体上に薄い被膜を作り、そこから徐々に放出される銅イオンにより、野菜を病原菌から保護します。銅剤はそのままでは水に溶けにくい性質を持っていますが、植物体が呼吸することにより発生する炭酸ガスや植物体の持つ有機酸が水滴に溶け出し、水滴内が酸性化（pHの低下）されると、少しずつ溶け出します。こうして溶かされた銅イオンが予防効果を発揮するのです。

　キュウリを例に挙げて説明をしますと、今から４０年前にキュウリ生産者を伺うと、植え付けして根付きをした若いキュウリに銅剤を散布して、葉が銅剤で白くなっていたのを思い出します。この時代の生産者は銅剤の予防効果が強いとは考えていないと思います。銅剤には強い殺菌力があることと、葉を硬くすることで病気にかかりにくいと考えて銅剤を散布したと思います。しかし、この銅剤散布は今の考え方からみますと正しい農薬散布といえます。最近は銅剤を初期から使うと薬害のことを考えて行わない方が多くなりました。しかし、最初の農薬散布には銅剤を使うことが必要です。また、全身獲得抵抗性（ＳＡＲ）を誘導する効果もありますので、是非、最初の薬剤散布は銅剤を使って欲しいです。

●農薬の安全性

現在は昔とは違い、農薬の安全性は高まっています。今から５０年以上前には人体に悪い影響のある農薬が多くありました。病気の防除として、水銀剤、ヒ素剤、害虫防除には有機リン剤などがあり、毒性の高い農薬が多くありましたが、最近の農薬は少しでも人体に毒性のある農薬は日本において販売はしなくなりました。また、野菜を出荷している野菜生産者にもきびしい農薬規制があり、使う農薬の使用方法を勉強して使っています。農薬には使用制限もあり、使う回数も限られています。間違えて農薬を多めに使って野菜を作り、出荷しますと検査でチェックされて、野菜から多くの農薬が検出されますと、その野菜は出荷停止となります。生産者は農薬使用には敏感になっています。野菜に付着している農薬の検出には、精度の高い検査機器を使っていて、現在は１ｐｐｂまで検出されます。１ｐｐｂとは、１ｐｐｍの１０００分の１の単位です。どのくらい高い精度かと言いますと、２５ｍのプールの水の中にティースプーン１杯の農薬を入れますと、その農薬が検出されます。違法な農薬を使って出荷されますと、即座に検出されてしまいます。

農薬には、致死量が明記されています。農薬をどの程度摂取したら死に至るかを示したものです。農薬の安全性について例を挙げて説明しますと、殺虫剤の「スミチオン乳剤」があります。この致死量は「スミチオン乳剤」の１０００倍液を３３リットル飲みますと命がなくなります。実際に飲めません。これに対して、海水浴で、海水を５リットル飲みますと致死量に達します。海水浴より「スミチオン乳剤」の１０００倍液で満たしたプールで泳ぐ方が安全となります。小学校の運動会で、校庭に白線を引きます。この白い粉は炭酸カルシウムです。校庭に児童が居ても白線を先生が白い煙を上げて線を引いています。この炭酸カルシウムの致死量はティースプーン１杯で命を落とします。校庭の雑草が茂ってきますと、除草剤で雑草を枯らしますと、父兄の方から危険ですとの話がでます。現在、除草剤として使われているものに「ラウンドアップ」や「バスタ」などのグリホサート成分のものを使っています。この除草剤は人体にほとんど影響にないもので、昔に使った接触除草剤の「プリグロックス」とは異なり、グリホサートを雑草に散布しますと、雑草の葉から吸収されて、必須アミノ酸の合成を阻害するために生育が出来なくなり、雑草全体が徐々に枯れさせる除草剤です。運動会の白線の方がはるかに人体に悪いものです。

※致死量とは、どのくらいの量の農薬を摂取したら、死に至るかを示した農薬の量です。

一般的には５０％致死量で示しています。体重によって異なります。

●無農薬栽培は可能か？

　殺虫剤を使わずに栽培をしますと、野菜に害虫による食害が出ます。アオムシでは
キャベツなどに穴を開けてしまいます。見た目に商品価値が大きく低下します。野菜
が害虫によって食害を与えますと、野菜も対抗策として、体内に虫が付かないように
毒素を作ります。刺激によって付く獲得抵抗性です。穴の開いたキャベツには毒素が
含まれていることになります。育種で、耐病性の品種開発は進んでいますが、なぜ、
耐虫性の品種開発は行われないのか。つまり、耐虫性の品種は野菜の体内に毒素を持
つことになるために開発をしないのです。

　耐病性の品種は多くありますが、耐虫性の品種はありませんので、食害を無視して、
耐病性品種を使うことをすれば無農薬栽培は可能かもしれません。

●減農薬栽培

　栽培中の農薬使用回数を少なくして栽培をするのが減農薬栽培です。この減農薬栽
培は病気や食害の発生する前に農薬散布する予防に力を入れて野菜を作ることが必要
条件となります。発病や食害が起こってからの農薬散布は治療が目的となりますので、
散布回数は多くなり、減農薬栽培は出来なくなります。農薬散布は予防剤を中心に使
うことが重要な手法となります。

　家庭菜園を行っている方の菜園を見ていますと、病気や食害が発生しますと、農薬
を使い始めますが、すでに手遅れになります。病斑や食害は元に戻りません。家庭菜
園で野菜を作っている方は、出来るだけ農薬を使いたくない考えで栽培をしています。
ならば毒性の低い予防剤の使用をお勧めします。

　予防剤は昔からある農薬が多く、価格も安価で、種類も多くあります。治療剤の価
格は高いので、病気や食害の出る前に予防することをお願いします。

　病気の予防として勧めたい農薬は銅剤の「Ｚボルドー」で、適用野菜も多く、使用
回数には制限がなくて何度でも散布できます。価格も安く、予防する期間も長い農薬
です。銅剤は予防剤ですから、治療効果はありません。銅剤の予防は葉に散布します
と、銅剤の銅イオンが葉の表面に病原菌が付着しないように守ります。２〜３週間程
度の効果が維持できます。

●連作は病気や害虫を呼び込みます

　病気や害虫は連作を続ければ、続けるほど発生が多くなります。理想は畑を休める

ことが必要です。家庭菜園では難しいことですが、野菜を作る畑と休ませる畑を持っていますと、病気や害虫は少なくなります。ここで休耕地を設ける場合、1年は放置しますが、ただ放置するのではなく、雑草が生えてきたら、よく見かけるのはトラクターや管理機で、そのまま耕ってしまう方が多いです。雑草が生えているのを耕耘しますと、土の中に病原菌や害虫を入れることになり、土の中で生き残っていますし、雑草も枯れずにまた伸びてきます。2週間もすれば元の雑草畑になります。耕耘前に除草剤で雑草を枯らしてから耕耘をして欲しいです。枯らすことで、病原菌や害虫が少なくなり、その枯れた雑草をすき込みますので、雑草の生えることが少なくなります。常に休耕地を管理して、次の年に野菜を作れば病気や害虫の発生を減らすことに繋がります。

　交互に畑を使うことで連作障害もなくなります。ただ、休耕させますと、雨などで酸度が低下します。酸性土壌になりやすいので、野菜を作る場合に酸度調整を必ず行って欲しいです。酸性土壌になりますと、土壌病原菌が増加して、土壌病害が多くなります。たとえば、蔓枯病などです。

●食害のある野菜は売れない

　有機栽培で、苦労してキャベツやハクサイを作りますが、消費者からは虫の食べた跡があるとして購入をしない方が多く見られます。スーパーなどで消費者が野菜を購入する場面を見ていますと、キャベツを手に取り、キャベツの全体を見て食害がないか、変色している部分がないかと見て、綺麗であればカゴに入れます。つまり、化成肥料より有機物で作った方がよいが、キャベツに害のないものが好まれます。消費者には矛盾があり、見た目に美しいキャベツでなければいけないのです。野菜作りは減農薬栽培をすることが必要条件となります。

●農薬散布方法と減農薬栽培

　農薬散布をする際に、行う手順を説明します。農薬の種類には、水和剤、水溶剤、乳剤、フロアブル剤などあります。水和剤は水に溶けなくて油分にも溶けない農薬成分で、鉱物に付着させた農薬です。水溶剤は水に溶ける農薬成分で、成分を粉剤にしたもので、水にすぐ溶けます。乳剤は水に溶けなくて油分に溶ける農薬成分で、液体の農薬です。フロアブル剤は水に溶けない農薬成分を微小末にして展着剤のようなものと混ぜた液剤です。

　農薬の種類を確認して、水槽に必要量の水を貯めます。次に、水和剤を使う場合には、

必ず展着剤を投入してよく攪拌し、水和剤を入れます。他の農薬は展着剤を入れなくてもよく水と馴染みます。乳剤やフロアブル剤と水和剤の混用をする場合は、先に乳剤やフロアブル剤を入れて攪拌し、その後に水和剤を入れます。逆にしないようお願いします。露地栽培の場合には、雨や夜露などで、農薬が流れ落ちることが多いので展着剤を常に入れます。これは、洗濯をする場合と同じです。洗濯機に水を入れ、その後に、洗剤を入れて攪拌し、それから衣類を入れた方が汚れをよく落とします。薬液が完成したら、いよいよ散布作業になります。動噴機の圧を上げますが、その前にノズルを見て欲しいです。ノズルの中に噴盤があり、その噴盤を調べます。噴盤に小さな穴が開いています。噴盤の穴が大きくなっていないかを見ます。大きな穴になっていますと、細かい霧にならず、葉によく付着しません。薬剤散布は細かい霧状の薬剤にする必要があります。噴盤を交換せずに使い続けますと、大きな穴になり、薬液は大きな粒になり、葉によく付着しないため、思ったより農薬の効果が出なくなります。噴盤は２～３か月の間隔で交換をお勧めします。噴盤の穴が小さいほど使う薬液量が少なくなり、減農薬に繋がります。

※噴盤とは、農薬液を散布するノズル内にある金属の盤で、小さな穴が開いています。この金属盤を言います。水和剤などを散布しますと、水和剤の中には鉱物が含まれています。薬液が噴盤の穴を通過するときに摩擦で穴を大きくしてしまいます。穴が大きくなりますと、薬液の粒子が大きくなり、野菜の細かい部分に付着しなくなり、農薬の効果が半減します。細かい霧状の散布をして病気を抑え、小さな穴で散布しますと、使う農薬液も少なくて済みます。経済的になりますので、噴盤は２か月の間隔で交換して欲しいです。

●雨あがりの農薬の散布について

病原菌が活動しやすい環境は、水分の多い雨の後や夜間湿度の高い時に多くの発生が見られます。露地栽培では、雨あがりに葉に水分が付き、空中を漂っている病原菌の胞子が葉などに付着して、水で発芽して葉の細胞に菌糸が侵入して発病となります。病原菌の胞子が葉に付着した時に、銅剤などで予防をすることで、菌の侵入を防ぐことが出来ます。

雨あがりと同様な現象として、夕方のかん水はよく行われていますが、夕方にかん水をしますと、野菜畑の夜間湿度は上昇して、病原菌の活動を活発にさせます。雨あがりと同じになります。かん水は朝がよいです。

第2章　各野菜の栽培方法

本書の記述に関しての説明

　３坪の畑に野菜を作ると何株植えることができるかを示します。３坪の畑を説明しますと、約１０㎡で縦２ｍ、横が５ｍの大きさになります。丁度、１反歩の畑の１００分の１に相当します。縦２ｍ、横５ｍで表し方が分かりやすいと思います。この畑の大きさで説明いたします。

　肥料袋に明記してある○‐○‐○と数字が書いてあります。この数字は肥料成分の含有量を％で示したものです。３つの数字の最初は窒素、次にリン酸、カリとの順に記してあります。つまり、窒素‐リン酸‐カリと書いてあるのです。しかし、肥料の含有量を示している数字ですが、６と書いてある場合、ただの６か１６の十の位を略したものもあります。明記してある数字をそのまま信じて施肥しますと、施肥量に大きな違いが生じますので、必ず肥料袋の裏に肥料成分が記してありますので確認をするようにお願いします。

　各野菜の栽培方法の説明に使う化成肥料は成分が袋に明記してある８‐８‐８のオール８の肥料で、窒素、リン酸、カリが各々８％含んでいる肥料です。成分の低い緩効性のもので、ゆっくりと肥効します。緩効性の肥料で栽培をしますと、食味の優れた野菜が収穫できます。この書では、すべてこの化成肥料（８‐８‐８）を使っての施肥になります。３坪当たりに入れる化成肥料の量で示します。

　堆きゅう肥の量や苦土石灰の量も３坪当たりで表示します。

　石灰にも生石灰、消石灰、苦土石灰とありまして、一般に多く使われているのが苦土石灰です。苦土石灰には石灰の他にも苦土（マグネシウム）を含んでいて、苦土は野菜の生育に必要な必須要素で、苦土石灰を畑に入れますと、石灰、苦土の両方が施肥されることになりますから多くの方が利用しているのです。

　堆きゅう肥も販売店に置いてありますが、色々と種類があります。牛糞堆肥、豚糞堆肥、鶏糞堆肥と明記してあり、メーカーも多いと思います。第１章で説明したように野菜の種類によって使い分けをして欲しいです。出来るだけ臭いのない堆きゅう肥を購入します。臭いが強いのは未熟堆きゅう肥なので、畑に投入しますと問題が出ることもあります。堆きゅう肥を購入する場合によく品物を見て欲しいです。

　ホームセンターなどで、化成肥料（８‐８‐８）は５㎏くらいからの小袋で販売していますし、苦土石灰も１㎏詰からあります。３坪程度の畑では大きな袋の化成肥料

などを購入する必要はありません。多く購入しますと、残った肥料は水分を吸ってしまい固まりますので、必要量を購入して欲しいです。

　果菜類の播種箱の播き方についての条間、間隔が野菜の種類で異なります。ナス科の種子はどれも小さいので、条間を４〜５cmとり、播く種子の間隔を０.５mmとします。中間の大きさのウリ科種子のキュウリ、メロン、スイカなどは条間を５cmとり、播く種子の間隔を１cmとします。大きな種子のカボチャ類、ニガウリやマメ類のインゲン、エダマメなどはセルトレーを使う場合が多いですが、播種箱に播く場合は、条間を５cmで、播く種子の間隔を２cmとします。

　品目の栽培で、著者からみた栽培の難易度を５段階で記しました。作業面から考えて決めました。参考にして下さい。
　次に、地域の平均気温から見る地域分けを記してあります。

作型表に載っている地区の説明

　色々な品種説明に載っている作型表があります。その作型表に冷涼地、中間地、暖地などが記してあります。この地区を理解している方は少ないと思います。そこで、各地域の平均気温がどの地域に属するかを示しました。参考にして下さい。
　日本に存在する地区は北海道から沖縄までで、寒地から亜熱帯まであります。

　寒地とは、年平均気温が９℃以下の地域となります。
　冷涼地とは、年平均気温が９〜１２℃の地域となります。
　中間地とは、年平均気温が１２〜１５℃の地域となります。
　暖地とは、年平均気温が１５〜１８℃の地域となります。
　亜熱帯とは、年平均気温が１９℃以上の地域となります。

　日本では、上記に示した５つの地区に分けられます。
　自分が栽培する野菜の播種期や生育させる期間を確認して欲しいです。

掲載した野菜の目次（５２種類）

◎果菜類（１３種類）

　トマト……………… 42

　ミニトマト………… 48

　露地キュウリ……… 50

　カボチャ…………… 56

　露地ナス…………… 60

　ズッキーニ………… 66

　オクラ……………… 69

　ピーマン…………… 72

　パプリカ…………… 75

　シシトウ…………… 78

　スイカ……………… 81

　露地メロン………… 85

　ニガウリ…………… 88

◎豆類（８種類）

　エダマメ…………… 92

　さやエンドウ……… 95

　スナップエンドウ…… 98

　ソラマメ………… 102

　つるありインゲン… 105

　つるなしインゲン… 109

　スィートコーン…… 111

　ゴマ……………… 115

◎根菜類（９種類）

　ダイコン………… 118

　カブ……………… 122

　ニンジン………… 125

　ゴボウ…………… 127

　ネギ……………… 131

　タマネギ………… 134

　ニンニク………… 138

　ラッキョウ……… 141

　ショウガ………… 143

◎葉菜類（１８種類）

　キャベツ………… 147

　ハクサイ………… 150

　チンゲンサイ…… 153

　コマツナ………… 155

　ミズナ…………… 158

　ミツバ…………… 161

　パセリ…………… 163

　レタス…………… 165

　露地アスパラガス… 168

　ブロッコリー…… 173

　カリフラワー…… 176

　セロリ…………… 178

　ホウレンソウ…… 181

　ニラ……………… 184

　シュンギク……… 187

　モロヘイヤ……… 189

　赤シソ…………… 192

　パクチー………… 195

◎芋類（４種類）

　サツマイモ……… 198

　ジャガイモ……… 201

　ナガイモ………… 204

　サトイモ………… 206

◎果菜類

　果菜類の栽培は期間が長くなります。果菜類は２つに分類できます。常に収穫をするものと、一斉に収穫となるものがあります。

　常に収穫をする果菜は、トマト、ミニトマト、キュウリ、ナス、オクラ、ピーマン、シシトウなどで、一斉収穫となる果菜は、カボチャ、メロン、スイカなどです。この２つに分けた種類の果菜は肥料の与え方が異なりますので注意が必要です。

　未熟果で収穫するキュウリ、ナス、ズッキーニ、オクラ、ピーマン、シシトウと、完熟して収穫するカボチャ、トマト、スイカ、メロン、パプリカがあります。

ハウス無加温栽培のトマト（山形県）
山形市は古くから園芸が盛んで、キュウリ、トマト、浸けナス、などの果菜が作られていました。現在は町が近代化になり、以前より農業が衰退しましたが、現在でもトマト、キュウリなどは多く栽培されています。

トマトの雨よけ栽培

●地域別の作型です。

　購入苗の植え付け時期は、露地の場合は冷涼地、中間地、暖地の地域で、霜が降らなくなる時期です。

●土作りと施肥

　トマトは多くの肥料を必要としません。特に、窒素肥料には注意します。

　堆きゅう肥は豚糞のものを用い、3坪当たりに20kg入れ、同時に苦土石灰を1kg入れてよく土と馴染ませます。トマトは長期に渡って収穫をしますので、堆肥として長く肥効をする豚糞の堆きゅう肥を使って欲しいです。切り藁を

図23　露地トマト栽培

入れる方は堆きゅう肥を入れる1か月以上前に畑に入れ、よく土と馴染ませます。藁には色々な有効菌が存在していますので、有機物の投入以外に土壌病害の抑制にも効果があります。

　元肥は、化成肥料（8‐8‐8）の成分は窒素が8％、リン酸が8％、カリが8％含んでいる肥料で、その化成肥料を3坪当たりに1.5kg入れます。土壌の条件によっても異なり、砂質土壌では肥料を少なくします。

●畝作り

　3坪の畑の横5mに1畝を作ります。畝に2条植えて、支柱を抱き合わせた合唱仕立てにします。畝の幅は100cmのものを作り、畝の表面は平らに整地しておきます。4月に定植する場合にはグリーンマルチを使い、5月中旬にもなれば気温も高くなりますので、黒マルチを用います。マルチを張る前に、ホースに蓮口を付けてたっぷりとかん水します。畝の中まで湿ったら、マルチを張ります。

　気温の低い時期に植える場合には、植え付ける1週間前までに畝を作りマルチを張って畝の地温を高めておきますとトマトの根付きがよくなります。植える株間は30〜40cmとします。

●支柱立て

　５ｍの畝に、６０cmの条間で、３０〜４０cm間隔で支柱を立てて、中央で抱き合うように合掌させます。支柱にトマトを誘引します。

●購入苗のチャック

　トマト苗を購入するときに、店頭の苗を見て、花房の着いている節をチェックします。通常は、花房が着いているのは８節目付近です。８節に着いていれば、よい管理の苗ですが、付いている位置が低いと低夜温育苗で、草姿はがっちりしています。花房には多くの花が付いています。低夜温育苗をした苗には初期に奇形果（乱形果）の大きな果実が成ります。乱形果は形状が悪いのですが食味は良いので食べて欲しいです。また、１０節と高い位置に花房が付いている苗は高夜温育苗したもので、茎は細く、花房に付く花も少なくて少し貧弱な苗です。植え付け後の根付きも遅れます。理想の苗は、茎の太さが鉛筆より少し細く、苗の草丈は３０〜３５cmを目安に見ます。

●植え付けの株間と適期苗

　植え付けるときの苗の大きさは第１花房に花が咲き始めたころが植え付けの適期となります。栽培で草勢を強くしたいときには、第１花房の花が咲く前に植えますと草勢が強く出来ます。植える株間は３０〜４０cmくらいで植え付けをします。混んで植えますと株と株の間がむれこみ、空気の流れが悪くなり、病気の発生が多くなります。また、密植は空洞果の発生原因となります。

●植え付け

　支柱の立っている通路側にトマト苗を植えます。株間は３０〜４０cmにします。１列に１４〜１８株の苗を植え付けることになります。植え付け後に、支柱に誘引して苗を固定します。植えるときに第１花房は手前にして植えます。手前にしますと、すべての花房が通路に向かって咲きます。

●株元かん水

　植え付け直後の根は、鉢土の中にあり、畝に水分が多くあっても畝に根が張れてないので、水分が吸収できません。植え付けた苗が萎れますので、株元に水を与えます。植え付けした苗の萎れを防ぎます。

　萎れてしまうと、根の動きが悪くなり、根付きに時間が掛かります。葉が萎れてい

る間は光合成をしませんので、時々かん水をして萎れないようにします。

　株元かん水をするタイミングとして、株元が白く乾いていれば、株元かん水を行います。

　植えた直後に、まず、株元かん水を行います。3日後くらいに株元が乾けば、株元かん水を行います。根付きをするまでに3回くらいは行います。

●果房の調整

　花房には、8花前後の花が着きます。その花を全て着けてしまうと、果実が大きくなってきますと、第1果房に大きな負担がかかり、養分が果房に流れて、草勢が著しく弱くしてしまいます。

　うまくトマトを作るには、1つ花房に着ける果実の数を3〜4花にします。

　鬼花（大きな花で、2つの花が合体したもの）は積極的に摘み取ります。これがトマト栽培において、特に大事です。なかなか摘果が出来ませんが、進んで行って欲しいです。

　摘花する場合、花を摘むのではなく、少し肥大してから果形のよい果実を残して3〜4果にします。

　気温の低い場合には、ミツバチの行動も鈍くなり、交配が出来ないときもありますので、気温の低い時期には着果ホルモンであるトマトトーンを花に散布して着果させます。手間があればトマトの株をゆすって（バイブレーション）も交配になります。電動歯ブラシで花房に振動させても交配ができます。

●脇芽の摘み方

　根付きが順調な場合には、下から発生してくる脇芽を順番に摘み取っていきますが、摘むときに少し伸長させて、指で摘んでいきます。少し伸長させて摘むことにより、根の発育をよくします。

　脇芽が伸びてきてもすぐに摘まずに、伸ばして摘みます。脇芽を少し伸ばして摘むことにより、地上部を旺盛にすることが出来、根の動きも活発となり草勢が強くなります。

●植え付け後の根付きの見分け

　朝、若い葉の周辺に葉水が出ていれば、根張りがよくなり、水をよく吸っていて根付きをしたことがわかります。

　生育がよくなりますと、芯に近い葉の葉色の変化を見ていきます。朝の葉色は淡く、

夕方には葉色が濃くなります。この変化が大きいほど、根付きがよいことになります。

●追肥のタイミング

　果菜類は、定期的に追肥を行います。トマトの最初の追肥として、第1果房の最初に着果した果実の大きさが５００円玉の大きさになったところが、追肥の開始となります。

　施す肥料の量は、３坪当たり化成肥料（8-8-8）の１２５ｇを少しずつ畝の肩（サイド）当たりに撒きます。撒いた後に雨が降らなければ如雨露で肥料を溶かします。

　追肥が多いと、草勢は急激に旺盛となり、果形の乱れを生じます。（チャック玉、乱形果、すじぐされ症）

●２回目からの追肥

　２回目からの追肥は第4花房の開花時期で、それ以降の追肥は花房の開花を確認すれば、第4、第5、第6と花房ごとに順次追肥を行っていきます。

　収量を見て追肥を行うことは追肥を忘れやすくなります。各果房の開花を見ながら行うと忘れにくいです。

●かん水

　追肥を開始したときからかん水の量を増やして行きます。

　トマトは水を多くしてはいけないと言われますが、玉伸びには水が必要です。

　気温が上昇して、畑が乾燥してきますとかん水は必要となります。ある程度、通路が湿った状態を作ることが必要です。雨が長く降らなくて、通路の部分が乾燥して、白くなって来ましたらかん水をします。乾燥がひどくなってからの急激なかん水は裂果に繋がります。

　土壌水分は６０％が最適です。時々、畝の土を手で握って、手のひらの上にのせてみて、握った土が壊れなければ土壌水分が６０％以上です。

●裂果について

　裂果には２種類があります。

　露地に雨がなく乾燥していて、急に雨が降り、急激な水分吸収で、果実肥大をしますと、果皮が伸びずに裂けて、裂果の発生となります。常に適度な水分を与えていれば、裂果の発生も少なくなります。

もう1つの裂果は、露地に多いのですが、果皮が高温乾燥で硬くなり、果肉の膨張で果皮が裂けるために起こります。蔕の周辺に同心円状に出来る場合が多いです。対策は果実を遮光しますと少なくなります。近くにある葉などで果実を覆います。

裂果は果実が熟し始めますと発生しますので、着色してきたら注意して欲しいです。

●脇芽摘み

トマトは各節から脇芽が発生します。どの脇芽も少し伸びてきたら元から摘みます。摘むときにハサミで行いますと、ウイルス病になり、生育が悪くなるほか、果実も変形や着色が悪くなりますので、摘む場合には指で摘みます。

●生育診断

生育診断は難しいですが、自分のトマトが順調かを見るために必要です。第3花房の花が2～3個咲いた時点で、その第3花房の付け根の主枝の太さがタバコの太さの1.5倍くらいあれば順調です。

その後、各花房の主枝の太さを見ながら追肥をします。太くなってきた場合には追肥の量を少なくします。

芯と芯の近くに咲いた花房までの長さを見ます。その芯と花房までの長さが15cmくらいあれば順調な生育といえます。

●肥沃な生育

旺盛な生育とは、主枝が太くなり、葉柄部分に芽が発生してきます。また、花房の先が伸びて、葉が付いたり、芽になったりします。

窒素過多は石灰吸収を抑えるために、尻腐れ果の発生にも繋がります。

●水分の状態

水分の状態は花弁を見ます。花弁がそっくり返っていれば、水分は十分にあることになりますが、花弁の開き具合が不十分の時は、水分不足で乾燥をしています。雨が降ればよいですが、降らない場合には軽くかん水を行う必要があります。

花弁の色が鮮やかな黄色であればよいですが、オレンジ色がかっていたら水分も不足していて草姿も老化気味です。

●摘葉

　老化した葉は、光合成能力が０に近くなります。果実を覆うような葉は摘んで光線が当たるようにします。混んできたら部分摘葉をします。

●トマトの障害

尻腐れ：石灰欠乏。窒素やカリが多いことに原因があります。

裂果：急激な水分過剰と果皮の焼けです

乱形果：低温育苗において、草勢が旺盛な場合。窒素過剰。

空洞果：日照不足、過繁茂などとホルモン剤の濃度。

すじ腐れ：窒素過剰でカリ不足。

窓あき果：花弁の癒着。石灰と窒素が関係します。

●主な病気

　かいよう病、疫病、黄化えそ病、黄化葉巻病、半身萎凋病、斑点病、輪紋病、

●主な害虫

　アブラムシ類、オオタバコガ、タバココナジラミ、ハモグリバエ、

ちょっと知識

窓あき果

　窓あき果と窒素の関係を示しますと、窒素肥料が多く吸収されますと石灰の吸収が抑えられます。その時に、ホウ素の吸収も抑えられます。ホウ素は石灰の吸収を助ける作用があります。分化がうまくいかなくて、組織の癒合が起こることになります。トマトの花が咲くときに、子房と花弁が癒着して、開花します。その後に花弁は枯れて、枯れた花弁が幼果に癒合したまま肥大し、枯れた花弁の癒着した部分が傷になり、肥大が進むにつれて、その傷が大きくなり、枯れた花弁と融合した果皮が破れて内部の種座が見える果実になります。石灰とホウ素が順調に働けば、窓あき果の発生は抑えられます。

ミニトマト栽培

購入したミニトマトの苗の植え付け時期は、大玉トマトと同様です。

●施肥

　ミニトマトは肥料に鈍感で、多めに施しても着果が悪くなったり、草勢が暴れたりはしませんが、大玉トマトと比べて管理はし易いです。大玉トマトより草勢は強くなりやすいです。堆きゅう肥は３坪当たり２０kg入れ、同時に苦土石灰も１〜１．５kg入れて土とよく馴染ませます。ミニトマトは栽培期間が長いので、堆肥として豚糞堆きゅう肥を用いて欲しいです。その後、元肥として３坪当たり化成肥料（8-8-8）を大玉トマトより少なく１〜１．２kg入れてよく土と馴染ませます。畝の幅は１００cmで、株間は４０〜４５cmで植え付けします。

図24 ミニトマトの果実

※畝作りから植え付けまでの作業は大玉トマトと同じです。

●管理

　生育が進みますと、ミニトマトの脇芽の動きは速いですから、第一花房までの脇芽は早く除去します。低温期の場合には、ミツバチなどの虫は飛来しませんので、着果を促すためにトマトトーンなどの着果ホルモン剤を使います。気温が上がってくれば、ミツバチなどの虫も活発に動きますのでよく着果し、大玉トマトより着果性は優れています。株をゆするバイブレーションも交配に有効です。

　ミニトマトは花房に多くの花が着きます。低段の花房では花数も比較的少ないですが、中段から上の花房になりますと、花房に多くの花が着き、放置しておきますと、果形の悪いものが多くなりますので、花房当たりの花数を３０個くらいに制限しますと、くず果の割合が少なくなります。指で摘んで花数をコントロールします。

●追肥

　大玉トマトと異なり、第一花房の最初の果実に着色が見られたら追肥を始めます。施す化成肥料（8-8-8）の量は、3坪当たり125ｇと大玉トマトと同じです。畝の肩あたりに施します。乾燥していれば、如雨露で軽くかん水をします。大玉トマト同様に花房ごとに開花した段階で追肥をします。

●かん水

　追肥を始めたら、かん水の量を多めにします。かん水を控えすぎて、乾かしすぎてから急激にかん水をしますと裂果を起こします。ミニトマトは裂果をしやすいので注意が必要です。定期的に水分を与えた方が裂果の発生は少なくなります。

●裂果

　裂果は果実が着色する前には発生しませんが、着色し始めると裂果が発生し始めます。裂果には2つの要因があり、低温期には発生が見られません。1つ目の要因は、水分の異常吸収で、乾燥している畑に、急激な雨が降ったときに果実が水分を吸収し、果実が成熟して果皮が硬くなっているため、水分を多く吸い上げると果肉が膨張して果皮が裂けてしまうために裂果を起こします。2つ目の要因は、7月中旬頃から梅雨が明けて、気温が急激に強くなり、成熟した果皮が日焼けをして、割れ目を生じます。これが日焼けで発生する裂果です。

●収穫

　ミニトマトは、開花後、40日〜60日で収穫となります。果実が赤くなり、ガクが反り返ったら収穫の時期です。ヘタの部分まで赤くなったものは完熟して、糖度も高くなっています。収穫する時間帯は朝です。

●主な病気

青枯れ病、萎凋病、半身萎凋病、黄化葉巻病、ウドンコ病、疫病、
斑点細菌病、モザイク病、

●主な害虫

アブラムシ、オオタバコガ、タバココナジラミ、ハモグリバエ、

露地キュウリの栽培

図25 キュウリの着果状況

●地区別の作型について

購入した苗の植え付け時期は、冷涼地、中間地、暖地とも霜が降らない時期です。

●施肥

キュウリは肥料を好む野菜で、根の酸素要求量も高い野菜です。肥沃な土壌での栽培に適しています。

畑には、堆きゅう肥を3坪当たり30kg入れ、苦土石灰を1.5kg入れよく耕耘して土となじませます。キュウリは収穫期の長い野菜で、常に肥料が必要です。堆肥として堆きゅう肥は豚糞堆きゅう肥を使います。切り藁なども3坪当たり4kg程度入れるのもよいです。藁には有効菌が多く付いていますので、土に藁を投入することにより、有機物の投入以外に土壌病害の防除にも繋がります。元肥として、3坪当たり化成肥料（8-8-8）を3kg入れ、油粕3～4kg入れると団粒構造がよく出来て根張りが良くなります。

よく団粒構造が発達しますと、水、肥料、空気が保たれ、根の張りをよくします。

根の張りがよいとキュウリの草勢が旺盛になり、栽培する期間も長くなり、最終的には収量増につながります。

●畝作り

3坪の畑の横5mに1畝を作ります。畝に2条植えて、支柱を抱き合わせた合掌仕立てにします。畝幅は120cmのものを作り、畝の表面は平らに整地しておきます。4月に植え付けをする場合にはグリーンマルチを使い、5月中旬にもなれば気温も高くなりますので、黒マルチを用います。マルチを張る前に、ホースに蓮口を付けてたっぷりとかん水します。畝の中まで湿ったら、マルチを張ります。気温の低い時期に植える場合には、植え付ける1週間前までに畝を作り、マルチを張って、畝の地温を高めておきますと、キュウリの根付きがよくなります。

植える株間は60〜70cmとします。

●苗の状態

苗の大きさは、本葉4枚のものが理想です。本葉が2枚の若い苗で植え付けをしますと、親蔓に雌花が着きにくくなり、6〜7枚の老化苗で植え付けをしますと、親蔓には雌花が多く着きますが、子蔓の発生が悪くなります。植え付けの苗の適期を守ります。

苗の根はよく張ったものがよく、販売店で苗の根量をみて、根張りが悪い場合には、購入してからすぐに植え付けずに、遅らせて根量が増えてから植え付けます。ポットから苗を外し、鉢土を見ますと白い根が多く張っている苗が良い苗です。根が多くても褐色気味の根であれば老化苗です。

●植え付け

植え付けは株間を60〜70cmとします。狭く植えますと栽培の後半に過繁茂になり管理が大変になります。3坪に作った畝には16〜18株の植え付けになります。植え付けたら支柱かネットに誘引します。植え付け後に株元かん水は必ず行い根付きを促します。キュウリは水分が好きですから、株元が湿る程度に行います。2〜3日間隔で3〜4回の株元かん水をしますと根付きます。

害虫の予防に植え付けする穴に、アブラムシ、ミナミキイロアザミウマなどの防除のために粒状の殺虫剤を入れている方が多くなり、殺虫剤を入れたらよく混和して植え付けます。

●植え付け後の管理

　キュウリの草勢を強くするために以下の管理をします。根付きをしてきますと、親蔓の下段の４〜５節当たりに雌花が付いてきます。その雌花を着果させてしまいますと、草勢が弱くなり、中段から発生する子蔓の発生が悪くなります。８節までに付いている雌花はすべて除去するか、畝の面からの高さ４０cmまでに着いている雌花をすべて除去します。また、子蔓も６節までは早めに除去して、下段に負担をかけないようにします。キュウリの下段の雌花と下枝の除去は必ず行う大事な管理です。

●根付き後の生育診断

　生育が進んで、親蔓が１２〜１４節まで伸びてきましたら、花（雄花、雌花）の開花節位を見ます。順調な生育であれば、芯から下へ数えて、６〜７節のところに開花していれば順調な生育となりますが、花の開花節位が芯から下に数えて４節くらいで咲いていれば、根付きが不良となりますので、株元にかん水するか、薄い液肥を与えて草勢を強くします。

　根付きの悪い株は、葉が小さくて葉色が濃くなっています。巻ひげも短くなっています。正常な巻ひげは２０〜２５cmです。

●整枝

　整枝は子蔓が伸びてくれば、２節で止めます。孫蔓は基本的には１〜２節で止めますが、何本かは伸ばして草勢の維持を図ります。しかし、いつまでも伸ばすのではなく、４〜５節程度になれば芯を摘み、他の孫枝を伸ばして行きます。この繰り返しによって草勢を維持します。

　支柱は合掌をして紐などで結んだ位置まで蔓が伸びてきたら蔓を摘みます。

　整枝はキュウリ栽培の良し悪しの分かれ目になります。うまく整枝をしますと長く栽培をすることができます。有効節数が多い栽培をしますと収量が多くなります。枝を摘まずに放任しますと、節数は多くなるように思われますが、伸ばした枝からは発生する枝が悪くなり、逆に節数が少なくなってしまいます。強い枝はよく摘むことで、新しい枝が伸び出し、次から次へと枝が発生していきます。弱い枝は摘まずに、少し放任して強く伸びてくれば、いつまでも伸ばすのではなく、摘んで強い枝を発生させます。枝は更新させることが収量増につながります。

●追肥

追肥は収穫が始まったら行います。追肥の量は３坪当たり化成肥料（8-8-8）を畝の肩近くに４００ｇ施します。追肥の間隔は７～１０日とします。

追肥はいつも同じ量を施していますと、生育が悪くなってきます。生育の前半では、根も若くて伸びもよいので、追肥の量も多く施しても草勢の衰えがなくて、順調に収量を上げていきます。しかし、後半では、根が段々と弱ってきます。弱い根に多くの肥料を施しますと、段々と草勢が悪くなり、枝の発生も鈍くなってしまい果実肥大も悪くなり、栽培の終了も早まってきます。草勢が弱くなってきたら、追肥の与える量も減らした方が草勢回復にはよいです。後半の追肥は量を少なく、回数を多くすることが草勢の維持につながります。

●摘葉

摘葉をよく行いますと、栽培を長くすることが出来ますとよく言われます。また、収量も多くなります。露地キュウリ畑を見ていますと、青くよく茂っている畑のキュウリを見て、近づいて見ますと、果実がそれほど多く成っていなくて、くず果の割合も多くなっています。摘葉をすることで、風通しをよくして、蒸れこみを少なくし、太陽光線を中まで入れて、枝の更新をよくします。

葉が老化してきますと光合成をしなくなります。葉が展開し始めてから３０～４０日経過したものは光合成をしなくなりますので、適宜摘みます。古い葉は積極的に摘み、青くても能力のない葉は摘みます。

キュウリ栽培の経験の少ない方は、葉を摘むことが、青くてもったいない気がしてなかなか摘みません。思い切って摘んで欲しいです。

●かん水

キュウリは水が好きで、かん水は朝に行った方が有効です。

水分不足で葉が萎れていますと、光合成の低下に繋がります。キュウリの光合成は午前中に多く行うことから午前中のかん水は有効となります。午後のかん水（夕方）は、湿度が高いままで夜になりますので、病気の発生に繋がります。

真夏の高温時には、土壌から多くの水分が奪われます。キュウリの真夏の水分吸収量は１株で、３リットル近くになりますので、十分なかん水を行い萎れないようにすることが必要です。

キュウリのかん水は、毎日、軽いかん水を行い、夕方までにある程度乾くようなか

ん水が有効です。

　土壌は栽培後半になり、土壌が締まってきますと、土壌中の酸素が不足して、根の張りが徐々に悪くなり、草勢の衰えを招きます。団粒構造をよくした場合は土壌の締りが少なくて、草勢の衰えも少なくなり、栽培期間が長くなります。

　水を与えれば生育がよくなると考えている方が多いですが、水より空気の方が生育には必要なのです。多量な水分を与えますと、生育不良となり、葉の黄化に繋がります。水はけの悪い畑でかん水を多くしますと、水焼けと呼ばれる生理障害が発生します。

●敷き藁

　梅雨が明けると、気温が高くなり、畑も乾燥しやすくなります。また、マルチがしてある畝の地温も高くなり、根に障害を与えます。その気温が上がった時期には畝や通路の乾燥防止と地温の上昇を抑制するために、敷き藁をします。畝の上にも行い、畝の中に張っている根を地温上昇から守ってやります。

　グリーンマルチを高温期に使っていますと、畝の地温が高くなり過ぎて根に悪い影響を与えます。高温による根焼けが起こります。そのためにキュウリの生育が悪くなり、枝の伸びも悪く、収量が低下します。7月下旬の気温の高い時期でもグリーンマルチを張り続けていますと、キュウリの草勢が大きく悪くなっていきます。

　グリーンマルチを使っていて、気温が高くなってきましたら、グリーンマルチを剥がして、裸地にします。裸地にしたら、かん水の量は多くします。グリーンマルチを剥がない場合には、畝の上に藁などを載せて地温の上昇を防ぐことが必要です。

●奇形果の処理について

　尻細果は乾燥が大きな要因ですから、雨が降らない期間が長く続くと果実の尻が細くなってきます。発生を防ぐには毎日少量のかん水をします。

　曲がり果は肥料不足が大きな原因ですから、追肥は必ず定期的に施します。7〜10日間隔で施します。

　尻太果は草勢の衰えが原因です。収量が多くなってきた時や強い整枝・摘葉を行った後に発生します。そのような状況になったら、早めに追肥をします。肥料の量は通常より少なくし、間隔を短くするのがポイントです。草勢が回復しますと尻太果の発生が少なくなります。

●主な病気

褐斑病

　発生は気温の高い時期が多く、発生すると病斑の広がりが早いです。古い葉から発生します。病原菌は１年以上土壌に生存していて、一度発生すると毎年発生します。風によって胞子が運ばれて拡散します。発病する前から予防散布が効果的で、病斑を見つけたら、まず摘んで畑の外に捨てます。

炭疽病

　発生する時期は湿度の高い時期に多く、発病する時期として、育苗や栽培中期のアーチの内側に多いです。病斑は灰褐色で、褐斑病より灰色気味で、病斑は褐斑病よりはっきりしています。予防として、アーチを混まないよう摘葉して通気性をよくします。湿度の高くなった時期には予防散布を勧めます。

黒星病

　発生は低温期に多く、発生気温は１６℃前後です。気温が高くなると発生が抑えられます。露地キュウリの植え付け時期や９月下旬からの低温期に発生が多くみられます。古い資材をいつまでも使用している場合にも発生が多くみられます。新葉に発生し、最初は小さな病斑で褐色しています。病斑が大きくなると、褐斑病と見間違えやすいです。低温期には予防散布をします。

ちょっと知識

病気の発生について

　病気（褐斑病、黒星病、炭疽病、べと病、ウドンコ病など）が多いのはキュウリの栽培です。キュウリが成り始めると病気が見えてきます。病気が発生するには水分が多く必要となります。また、窒素過多の栽培には早くから病気が見られます。ここで、病気の予防について説明をします。病気で多いのは糸状菌（カビ類）です。空気中に漂っている糸状菌の胞子が葉に付着します。付着したら葉の細胞内に菌糸が侵入して増殖することで、発病となります。予防として、野菜を植え付けて、根付いたら必ず銅剤の農薬を散布することです。菌糸の侵入を防ぎます。

カボチャ（ウリ科）

カボチャの栽培

難易度
3

図26 カボチャの着果

●地域別の作型について

地域別の苗の植え付け期は、冷涼地、中間地、暖地の霜が降らなくなった時期が植え付けとなります。

●畑の準備

カボチャは栄養生長と生殖生長がある程度わかれていて、初期には多くの肥料を必要としませんが、生育中期から果実肥大が始まり、肥料吸収量が多くなります。肥効が後半型となります。カボチャは吸肥力が強い野菜ですから、初期から肥料を多く与えますと、草勢が強くなり過ぎて、着果が悪くなります。

カボチャは肥沃な土壌を好みます。カボチャを作るのに適した土壌は排水性のよい畑です。堆肥は3坪当たり20kgを植え付け1か月前に入れてよく土と馴染ませます。苦土石灰も3坪当たり1kg入れてよく土に馴染ませます。カボチャは後半型の施肥となり、堆肥として牛糞堆きゅう肥を用います。牛糞堆きゅう肥は後半に力を発揮する堆きゅう肥です。切藁を入れることにより、土壌中に有効菌が入り、蔓枯病などの土壌病害が予防できます。元肥として、3坪当たり、化成肥料（8-8-8）を2.5kg入れてよく土と馴染ませます。カボチャの肥料は緩効性のものを勧めます。

カボチャは酸度には鈍感で、pH5.5〜6.5と幅があります。

甘いおいしいカボチャを作るには畑の水はけの良いところを選び、水田などの排水

の悪い畑ではおいしいカボチャは出来ません。

●畝作り

植え付けをする日より１０日以上早く畝を作り、畝を作ってから十分にかん水し、湿ったら黒マルチを張ります。畝の幅は１００cmで、畝と畝の間を３〜４mもうけます。畝の高さは１５cm程度にします。

３坪の畑では５株程度しか植えられません。

●育苗

苗を購入してもよいですが、カボチャは育苗が簡単ですから作ってみましょう。３坪に植える株は５株程度ですから、９cmのポリポットを用意して、市販の果菜用の培土を詰めて、ポットに十分なかん水をしてから種子を播きます。深さ１cm程度に２粒播き、発芽して子葉が展開したら、どちらか生育のよい方を残して、ハサミで間引きします。ポットが乾かないようにかん水をしますが、かん水は朝に行い、夕方は出来るだけ控えます。水のやりすぎは徒長した苗になり、植え付け後も根付きが遅れます。本葉が４枚になれば植え付けをします。

●植え付け

植え付け後に親蔓を４〜５節目で摘み、子蔓を伸ばし、その中から２本の勢いのよい子蔓を伸ばして、子蔓２本仕立てとします。植えるときの株間を６０〜７０cmとします。植え付けるときに苗をバケツの水に鉢ごと浸けて湿らせてから植え付けます。植え付けしたら、株元に軽くかん水を１０日間で３〜４回行って根付けを促します。

●植え付け後の管理

根付きをして、蔓が伸びてきて、発生した子蔓の中から強い子蔓を２本選び、それ以外の子蔓は除去します。蔓が伸びてきたらまっすぐに伸ばしてやります。

●着果させる位置

子蔓の６〜７節あたりに雌花が着き始めます。これは大きくなっても扁平で小さな果実なので、交配をしておきますが、実際に収穫する果実は１２〜１５節に着く雌花で、交配して肥大が始まってくれば、６〜７節あたりに着果した果実は摘果します。１蔓に２〜３果を着けます。多く着果させても根から吸収される養分は増加しません

ので、着果した雌花は落果して、結局、１蔓に２～３果しか収穫が出来ません。試しに、多く果実を着果させますと、カボチャ自体が果実を流してしまい、結局、１蔓に２果となります。

●整枝

　子蔓から発生する孫枝は随時摘んでいきます。１蔓に果実が２～３果着くと思います。最後の果実を着けた節から芯の方向に数えて５節目で、子蔓の先を摘みます。孫枝を摘むことで、養分が果実に流れて肥大がよくなります。夏は太陽光線が強いので、葉が枯れてしまうと、直接に光線が当たり果実が焼けてしまいます。着果した節の付近から伸びている孫枝を２本くらい摘まずに、果実の日除けとして用います。果実の着果した節目の葉が枯れた場合に孫蔓を果実の上に乗せて遮光してやります。カボチャはウドンコ病の発生がひどくて、葉が枯れてしまう場合が多いので、ウドンコ病の防除が大切になってきます。

●追肥

　最初に着果させた果実が茶碗大に肥大したら追肥をします。追肥は畝の横に３坪当たり（8-8-8）を３００g施します。

●敷き藁

　蔓が通路に張り始めたら、敷き藁を始めます。畝から伸びている蔓の下に、藁を敷き詰めて土壌の乾燥を防ぎ、果実が直接に土と触れないようにします。スレ果の防止にもつながります。

●生育診断

　子蔓が伸びて、畝から伸びだしたら、花（雌花、雄花のどちらでもよいです）の咲いている節から芯までの長さが１mくらいあれば順調な生育となります。また、蔓の先端が持ち上がっている（鎌首）状態ですと順調な生育となります。

●葉の重要性

　果実が着いている節の周辺の葉はとても重要で、これが果実肥大期に枯れると、果実に直接日光が当たり、果焼け果の原因となります。

　カボチャはウドンコ病（葉に白い粉状の付く病気）が発生しやすいので、ウドンコ

病で葉が枯れないようにして欲しいです。

●マット敷き

カボチャ畑を見ていますと、果実を大切にしようとマットを早くから敷く方が多く見られますが、果実が小さいうちにマットを敷きますと、幼果に刺激を与えることになり、幼果が黒くなって流れてしまいます。マット敷きは、収穫２０日前くらいに行います。

また、果実が地面に接して茶色になっている場合に果実を９０度傾けて、茶色になった部分を太陽の光線に当ててやりますと、茶色部分が緑になります。

●収穫

収穫までの日数は、雌花が開花してから約５０日となります。朝に畑へ行き、咲いた雌花を見つけたら、雌花が咲いた日付をその節にある葉に黒か白のマジックインキで咲いた日を書いて、それから５０日経過して収穫すれば、おいしいカボチャが収穫できます。収穫してすぐに食べずに２週間は涼しい場所に置いてから調理に入って欲しいです。収穫直後は果実内にはデンプンが多くて甘くありません。デンプンが糖に変化してから食べて欲しいです。

●主な病気

ウイルス病、褐斑細菌病、斑点細菌病、ウドンコ病、つる枯病、綿腐病、疫病、白絹病、立枯病、

●主な害虫

アブラムシ類、ウリキンウワバ、ウリハムシ、ハダニ類、

ちょっと知識

果焼け

　果焼けの発生は、果実が肥大をしているときには見られません。果実の肥大が停止して、果実内に養分（デンプン）が蓄積されますと、果皮の伸びが止まってきます。果皮の老化とも言えます。通常は果実が着いている節には大きな葉が付いていて、太陽光線を葉が果実に当たらないようにしていますので、果焼けは発生しませんが、葉がウドンコ病になり、枯れてしまいますと直接に太陽光線が果実に当たり、果皮が焼けてしまいます。葉が枯れたときには新聞紙などで果実を覆って太陽光線が当たらないようにする必要があります。

露地ナスの栽培

図27 ナスの着果状況

●地域別の作型について

地域別の苗の植え付け時期は、冷涼地、中間地、暖地の霜が降らなくなったら、植え付け時期となります。

●畑の準備

ナスは連作を嫌う野菜で、1作すれば3～4年は同じ畑では栽培ができない野菜です。連作をしますと土壌病害の発生が多くなります。畑では半身萎凋病が出ます。生育の中盤から葉の一部に枯れる症状がでる病気で、家庭菜園でナスを作っていますと、連作のためによく見かける病気の1つです。家庭菜園では、接ぎ木をしない自根のナス苗を植える方が多いので、連作障害の発生が多くなります。営利的に栽培をしている農家は接ぎ木苗を用いて栽培をしていますので土壌病害の発生は少なくなっていますが、接ぎ木したナスでも3年くらい連続して同じ畑で栽培をしますと収量の低下などに繋がってきます。ナスの栽培は畑を変えて作ることをお願いします。ナス以外に、ジャガイモ、トマト、ピーマンなどはナス科ですから、ナス科野菜を作った畑にナス

を植えても連作障害となります。

　土壌の酸度も酸性になりやすいので、石灰分は必ず入れて欲しいです。一般に言われている適正酸度はｐＨ６．０～７．０です。

●生理障害

　畑にカリ肥料が多く残っていますと、葉色の濃い部分と淡い部分のマダラ状の濃淡が現れます。石灰肥料が少ないと葉先の枯れる症状（チップバーン）が発生します。石灰肥料があっても窒素やカリが多いと石灰の吸収を抑えますので、石灰欠乏症が発生します。ナスは葉色が淡くなる苦土（マグネシウム）欠の発生もよく見かけますので注意が必要です。

●施肥設計

　ナスは肥料吸収の旺盛な野菜で多くの肥料が必要となります。特に、最盛期には多くの窒素肥料を必要とします。栄養状態が悪いと落蕾や落果を発生します。そのために、収量が大きく低下します。ナスは苦土欠も発生しやすいので、苦土石灰は大目に施します。

　植え付けの１か月前に堆肥を３坪当たり２０ｋｇ入れてよく土と馴染ませます。その後、苦土石灰を３坪当たり１．５ｋｇ入れてよく土と馴染ませます。ナスは収穫期間が長い野菜ですから、堆肥として、長く効く豚糞堆きゅう肥を使います。元肥は植え付けの１０日から２週間前に入れます。化成肥料（8-8-8）で、３坪当たり４ｋｇ入れます。肥料も均等に撒いて欲しいです。

●畝作り

　植え付けの１週間前までには畝を作っておきます。畝の幅は８０ｃｍ、畝の高さは１５ｃｍとします。３坪の畑で、長さが５ｍで幅が２ｍであれば、１つの畝ができます。５ｍの畝であれば、９株のナス苗が植え付けられます。畝を作り終えたら、畝に十分な水を与えた後に、黒マルチを張ります。

●植え付け

　ナス苗は野菜の中で、育苗期間が一番長い野菜です。７０～８０日を要します。最近は購入苗を使うことが多くなりました。購入した苗を見て、第一番花が開花を始める前後のものが適しています。

　土壌病害に強くて、長く栽培をするには接ぎ木苗をお勧めします。草勢を強く維持する台木や品質を良くする台木も有りますから、自分に合った接ぎ木苗を求めて欲しいです。

　畝に６０cm間隔で植え、穴を開けて適期苗を植えます。植えたら株元にかん水を行います。

●株元かん水

　植え付けた苗はすぐに畝の水分を吸収することが出来ませんので、株元にかん水を行って苗の萎れを防ぎ、根付きを促します。

　株元かん水は植えた日から行い、３日間隔程度で３〜４回程度行ないます。

●着果節位

　第１番花の処理について、苗が弱くて、根付きが悪い場合には、第１番花を摘み取ります。摘み取ることにより草勢を強くすることが出来ます。第２番果から収穫に入ります。

●仕立て方と下枝処理

　第１番花の位置までに発生した脇芽は早めに摘み取ります。第１番花のすぐ下から発生している強い脇芽は摘まずに伸ばし、第１番花の上から発生する脇芽も摘まずに伸ばします。第１番花の下から伸ばした脇芽から最初に発生した孫枝も伸ばして２つの枝ができ、主枝と主枝から発生した脇芽の２本と合わせて４本となります。この仕立て方を４本仕立てと言います。この４本を伸ばして栽培する方法（Ｖ字仕立てで営利栽培をしている専業農家が行う仕立て方）と４本に仕立てまでは同じですが、どの枝も３節まで伸びたら３節までで芯を摘みます。この繰り返しの仕立て方が一般的な栽培となります。

●整枝（23ページの図を参照）

　４本に伸ばした主枝と側枝の各節から枝が発生します。ナスの花と葉は規則性があり、葉が２節連続して展開したら、次の節に花が付きます。この繰り返しで着花していきます。発生した枝の摘み方は、花の着いている節の次の節に展開している葉を残して、その先で枝を摘みます。枝の花が着果して、収穫を終えたら、果実の付いている節の下で枝を切ります。残っている節の葉の付け根から枝が発生してきますので、

その枝も同様な摘み方をします。どの枝もこの整枝方法で管理します。23 ページの図 17 を参考にします。

●追肥

　ナスは多くの肥料が必要な野菜ですから、収穫を開始したら追肥を始めます。1 回に施す肥料は、3 坪当たり化成肥料（8 - 8 - 8）を３００ｇ与えます。肥料切れが起こらないよう定期的に追肥をします。窒素肥料が欠乏しますと、蕾や幼果が落ちてしまいます。追肥の間隔は７日くらいで行います。草勢が弱ってきましたら、追肥の量を少なくして、回数を増やして施します。弱った場合は根の状態も悪くなっていますから、追肥の量を控えて根を保護します。

●ナスの草勢の判断

　ナスの生育診断は、ナスの花を見て、雄しべは黄色をしていて、その中央部に雌しべがあります。草勢がよい場合には、雌しべが雄しべより長く突き出ています。草勢が弱くなりますと、雌しべは雄しべの中に入り込み見えにくくなります。雌しべの変化を見て草勢の判断をします。

　伸びている枝先を見ますと、芯の半展開の葉の節から元の方向に数えて３節下に花が咲いていれば草勢はよいですが、草勢が弱くなりますと、芯の近くに開花します。開花している位置を見て草勢を判断します。

●かん水

　ナスは乾燥に弱く、梅雨が明けて乾燥期に入りますと、草勢が弱ってきます。梅雨明けと同時に乾燥で枯れ始めていきます。梅雨明けからのかん水はよく行うようにします。かん水をする時間として、毎日の朝に行います。根からの吸収する水が少なくなりますと葉は萎れてしまい、光合成が出来なくなります。光合成は空気中の炭酸ガスと根からの水が原料で、水が足らないと光合成の働きが悪くなり、同化産物の量も減少し、果実の肥大が悪くなり、枝の伸びも悪くなります。乾燥がひどくなる高温時のかん水は重要です。

　水分の状態を見る場合には、咲いている花を見て、花弁がそっくり返っていれば十分な水分がある状態です。また、花弁の色も紫が濃いと草勢がよいです。

　土壌水分が少なくなりますと、石ナスや果色がぼけた果実になります。

●敷き藁

　ナスは乾燥に弱い野菜ですから、梅雨明け後には、乾燥防止のために通路などに藁を敷き詰めて乾燥を抑えます。乾燥の時期になりますと、ダニ類が付きやすくなりますから敷き藁をしたら、藁にダニが付いている場合が多いですから、ダニの予防を行ないます。

　家庭菜園の方にお願いです。ナスは管理しなくても果実がなる無駄花のない野菜と思っていて、夏の高温になっても敷き藁をしてくれません。ナス専業農家の方はよく話されます。「家庭菜園のナスは梅雨明け後に枯れるから、それ以降が私たちの出番です。」と言われます。つまり、家庭菜園の方は梅雨が明けても敷き藁をせずに畑を乾燥させて、8月には枯れてしまう方が多くいます。

●摘葉

　ナスは枝の発生が多いので、手をかけずにいますと、過繁茂のなり、収量減や品質低下に繋がります。伸びた枝に付いた果実を収穫したら、その枝が発生した節に付いている葉は摘みます。このペースで摘葉を進めていきます。

　摘葉が少ないと、果実に光線が当たらなくなり、果色や光沢が悪くなります。通気性も悪くなり、灰色カビ病などの発生も多くなります。

●ナスの奇形果の種類と原因

　ナスには生理障害が色々と多く発生します。

裂果

　早期のホルモン処理により果実の異常肥大です。

ガク割れ果

　育苗時の環境不良や窒素過剰でのホルモン処理、窒素過剰でのホルモンの高濃度処理です。

つやなし果

　果実肥大期の水分不足、体内の含水量不足、最盛期の水分不足、高温乾燥などです。

へた枯れ症

　乾燥過多でガクの壊死です。

凸凹果

　草勢の低下と土壌水分の不足です。

64

曲がり果

　高夜温で日照不足、ホルモンの不適使用で適期より早く処理した。

首細果

　日照不足で、同化産物不足です。

石ナス果

　開花前後の低温や高温、受精不良、同化産物の不足などです。

赤果

　高温で多かん水です。

短形果

　多肥で高夜温です。

着色不良果

　光線不足で着色不良です。

●主な病気

　病気の種類もナスは多いです。

褐斑細菌病、茎えそ細菌病、茎腐細菌病、青枯病、褐斑病、黒枯病、輪紋病、
ウドンコ病、すすかび病、菌核病、褐色腐敗病、綿疫病、灰色かび病、褐紋病、
半枯病、半身萎凋病、白絹病、根腐疫病、黒点根腐病、苗立枯病、ウイルス病、
えそ斑点病、

　以上のように病気の種類が多いです。

●主な害虫

　アブラムシ類、コナジラミ類、アザミウマ類、テントウムシダマシ類、
ヨトウムシ類、オオタバコガ、ハモグリバエ類、ハダニ類、チャノホコリダニ、
チャコウラナメクジ、

ズッキーニ〔カボチャの一種〕（ナス科）

ズッキーニの栽培

難易度
2

図28 ズッキーニの着果

●地域別の作型について

地域別の苗の植え付け時期は、冷涼地、中間地、暖地の霜が降らなくなったら苗の植え付け時期となります。

●特性

ズッキーニはカボチャの一種で、完熟した果実を収穫するのではなく、未熟果を収穫する野菜です。キュウリと同様な肥料吸収となります。収穫が始まりますと肥料切れが起こらないように追肥をします。日本では蔓のないズッキーニを栽培していますが、蔓性のズッキーニもあります。日本で作られている蔓性の金糸ウリ（そうめんカボチャ）がズッキーニと同じペホカボチャ属に入ります。

●畑の準備

畑には、3坪当たり堆肥を20〜30kg入れ、同時に苦土石灰も1kg程度入れてよく土と馴染ませます。ズッキーニは収穫期間が2か月くらい続き、肥効が長くなりますので、堆肥として豚糞堆きゅう肥を用います。その後、元肥として、3坪当たり

化成肥料（8-8-8）を2.5kg入れてよく混ぜてから畝を作ります。畝を作った後に十分な水を与えてから黒マルチを張ります。

●育苗

　苗作りは比較的簡単なので作ってみましょう。播種箱に培土を詰めて、十分に水を与え、しばらくしてから棒などで培土を撹拌して空気を入れ、培土の表面を平らにしてから播種をします。播種後に覆土をしたら鎮圧をして、新聞紙で覆い、覆った新聞紙の上からかん水をします。発芽後に子葉が展開したら、9～12cmのポットに培土を詰めて、子葉が展開した株を移植します。本葉が3枚まで養生をし、老化苗にしないよう注意します。ズッキーニは草勢の弱い野菜ですから若い苗を植えます。

●畝作り

　ズッキーニは蔓になりませんが、葉柄が長いので株間を広くします。畝幅は80cmで、高さが15cmの畝にします。畝が完成したら十分にかん水を行ってから、黒マルチを張ります。乾燥防止の目的で黒マルチを使います。3坪の畑で、5mの長さの畝が作れれば、株間を70～80cmとしますと、7株程度が植えられます。

●植え付け

　植え付けは葉柄が長いので畝に1条植えとします。株間は70～80cmと広く植えます。3坪当たりに植える株数は7株くらいになります。ズッキーニは葉柄が長いので株間を広く設定しないと混み合ってしまいます。

　植え付け後に、株元にかん水をします。株元かん水によって根付きを早め、しっかりとした根を張らせます。株元かん水は2～3日間隔で、3回程度行います。

●植え付け後の管理

　根付きをして、生育しますと5節目くらいに雌花が咲いてきますが、ズッキーニは草勢の弱いカボチャですから、第一番果を大きくして収穫をしますと、草勢が衰えますので、最初に着いた雌花は必ず摘み取ります。次に咲いてくる雌花を大きくして収穫します。根付きの悪い場合にはさらに第2番果も摘んで草勢を強くします。蔓が伸びてきますと、自然に蔓が横たわってきますので支柱は必要ありません。

　果実の肥大が早く4～6日程度で200gになりますので、収穫の残しがないよう毎日の収穫が必要になります。気温が低い場合にはミツバチが飛んでいないので、人

工交配をお願いします。

　特に、収穫遅れが目立ってきますので、毎日の収穫をし、気温が高い時期になりますと、朝夕の2回の収穫をします。

●摘葉

　収穫が進んできますと、下葉が混み合ってきます。そのまま放置しますと風通しが悪くなり病気の発生が多くなります。下葉が多くなってきたら、古い葉から順に摘んでいきます。摘む場合に葉柄は残して、葉の部分だけを摘み、残った葉柄は蔓を支える支柱の代わりをします。摘葉のもう一つの理由はズッキーニがウドンコ病に弱いため、早めの摘葉を行って、ウドンコ病の蔓延を防ぐようにします。

●追肥

　収穫が始まったら追肥を開始します。1回に施す化成肥料（8-8-8）の量は3坪に対して250g程度を目安にします。追肥の間隔は7〜10日とします。肥料切れになりますと奇形果の発生が多くなります。多いのが尻太果で、果色が淡くなったりもします。草勢が弱る前に追肥を行います。草勢が弱った場合には、追肥の量を少なくして回数を多く施して回復させます。草勢が弱った場合に発生する症状は、雌花の大きさが小さくなり、子房部分は曲がったりします。また小さな雌花で開花します。これらの症状が見られたら肥料切れですので、追肥をします。

●収穫

　収穫の果実の大きさは、長さ15〜20cm、重さが180〜200gとし、ハサミで付け根から切り取って収穫をします。ズッキーニは軟腐病には非常に弱く、収穫が始まったら銅剤などで殺菌をします。定期的な軟腐病の防除が必要となります。アブラムシなどによるウイルス病にも注意が必要となります。

●主な病気

　ウドンコ病、疫病、菌核病、つる枯病、軟腐細菌病、べと病、ウイルス病、

●主な害虫

　ワタアブラムシ、ヨトウムシ、ウリハムシ、ハモグリバエ、

オクラ（アオイ科）

オクラの栽培

図29 オクラの着果

●地域別の作型について

　地域別の播種期は気温が高くなるころで、冷涼地では５月下旬、中間地では５月上旬、暖地では４月中旬となります。

●オクラの特性

　オクラの原産地はアフリカ東北部のエチオピア周辺です。熱帯気候に生育し、低温には弱い野菜です。比較的肥料の吸収のよい野菜でもあります。生育適温は２０～３０℃で、寒さに弱くて１０℃以下になりますと障害が出ます。

●畑の準備

　畑は出来るだけ排水性のよいところを選びます。オクラは直根性で吸肥力が強い野菜であるため、耕土が深く、有機質の入った肥沃な土壌が適します。酸度はpH６.０～６.５が適します。

　堆肥を３坪当たりに２０kg入れ、苦土石灰を１kg入れてよく土と馴染ませます。オクラは未熟果を２か月程度収穫しますので、堆肥として豚糞堆きゅう肥を用いま

す。元肥として、３坪当たり化成肥料（8-8-8）を２kg入れ、よく土と馴染ませます。吸肥力が強いため、元肥に化成肥料（8-8-8）が多く用いますと強い草勢になり、莢付きが悪くなります。追肥を重点とした栽培がよいです。

畝立てとマルチは植え付けや直播の１０日前に行います。３坪の畑で８０cm畝が２本できます。畝の長さは約５mになります。乾燥を防ぐために黒マルチをします。マルチを張る場合には、張る前に畝に十分な水を与えて欲しいです。

●播種

オクラは直根性の野菜で、育苗するより気温が高くなった時期に畝に直接播種した方が生育がよいです。

畝に株間を２０〜３０cmとし、１植え穴に３〜４粒の種子を播きます。種子を播く前に種子を半日程度水に浸けて種皮を柔らかくしてから播きますと、よく発芽をします。オクラの種皮は硬いので水に浸けます。

発芽をしてきましたら、昔は間引きをしましたが、最近の栽培では間引きをせずにそのまま生育をさせます。密植をした方が軟らかくておいしいオクラになります。

●初期生育の管理

生育してきますと、花が５〜６節に着いてきますが、その１番花を着果させてしまいますと、草勢が弱りますので、摘花して草勢を強くしてからその次の果実を収穫します。草勢が強くなり過ぎますと曲がり果の発生が多くなります。

下位側枝が３〜４本発生してきますが、側枝にも果実がなりますので、摘まずに伸ばし、収量増に繋げます。

●追肥

追肥の開始は、収穫が始まったら行いますが、草勢をみて、強ければ遅らせます。収量が多くなってきたら、追肥を増やします。１回に与える追肥として化成肥料（8-8-8）の量は３坪当たり３００gとします。その後の追肥は７〜１０日間隔で行います。

●摘葉

摘葉は古い葉を摘んで、通風・採光を良くして、生育のバランスをとります。

収穫莢が着いている節から下に３〜４枚葉を残して、それから下の葉は順次摘み取

り、すべての葉を取り除きます。古い葉にウドンコ病が付きやすいので摘葉をします。

●かん水

　かん水は、夏になると地温が上昇して乾燥してきますので、通路などにもかん水をします。かん水する時間帯は早朝がよいです。

●収穫

　オクラの莢は大きくなりますと硬くなりますので、莢長が8〜9cmになりましたら収穫をします。オクラを多く作付けして、収穫に手袋をせずに行いますと、指先が赤くはれてきますので、多く収穫される場合にはゴム手袋をして収穫をします。

●イボ果と曲がり果

　草勢が弱くなって、光線量が少ないときなどにイボ果が発生します。曲がり果は、草勢が強すぎたり弱すぎたりすると発生します。

曲がり果

　草勢が強すぎたり、弱すぎたりすると発生します。元肥を多く入れると初期に多く見られます。草勢が弱る後半にも多く発生します。草勢の調整が重要となります。

イボ果

　草勢が弱くなって、光線量が少なくなったときに発生します。肥料不足の原因が多いので、追肥を忘れないようにします。

●主な病気

　葉枯細菌病、葉すす病、ウドンコ病、黒斑病、褐斑病、斑点病、苗立枯病、半身萎凋病、立枯病、黒根病、輪紋病、灰色かび病、

●主な害虫

　アブラムシ類、ハスモンヨトウ、ワタノメイガ、フタトガリコヤガ、オオタバコガ、

ピーマンの栽培

難易度
3.5

図30 ピーマンの畑

●地域別の作型について

地域別の植え付け時期は、冷涼地、中間地、暖地の霜が降らなくなったら植え付け時期になります。

●特性

ピーマンの祖先はアフリカ原産のトウガラシが色々な国を渡るにつれて辛みのないトウガラシとなり、フランスに渡りピーマンになりました。大きく３つに分類され、大きい果実はパプリカ、中程度の果実をピーマン、カラーピーマン、小さい果実をシシトウとなります。ピーマンの生育適温は２０〜３０℃で、高温には強いですが、低温には弱い野菜です。根張りは浅く、排水性のよい土壌を好みます。連作障害の強い野菜で、３年程度畑を空ける必要があります。

●畑の準備

ピーマンは肥沃な畑を好みます。また、多肥栽培をする必要があります。連作ができませんので、ナス科以外の野菜を作る輪作をお勧めします。適正酸度は pH６.０

～6.5で、酸度調整をよく行います。石灰欠乏から起こる尻腐れ症が発生しやすいです。堆肥を3坪当たり20～30kg入れ、苦土石灰も3坪当たり1kg以上は施して土とよく馴染ませます。ピーマンは未熟果を収穫する栽培期間の長い野菜です。堆肥として豚糞堆きゅう肥を用います。その後に、元肥として、3坪当たり、化成肥料（8-8-8）を3kg入れて土と馴染ませます。3坪の畑で、5mの長さの畝を2本作り、畝幅は60～70cmとし、植え付けの株間は50～60cmとします。3坪の畑に20株程度は植えられます。畝は乾燥を防ぐ目的として、黒マルチを張って欲しいです。

●苗

　ピーマンの育苗期間が長く、5月上旬に苗の植え付けをするには、2月中旬に播種をしないと苗が出来ません。育苗が70日くらい掛かります。

　育苗する期間が長いので、苗を購入することをお勧めします。

●植え付け

　一番花の咲いた苗を植え付けます。植え付け後に株元かん水を必ず行って根付きを促します。株元かん水は3日間隔で3回以上続けます。植え付け直後は倒れやすいので、仮支柱を立てて倒れないようにします。一番花は草勢を強くするために摘み取ります。

●植え付け後の管理

　生育が進みましたら、支柱を垂直にたてて株を誘引します。畝を乾燥から守るために敷き藁をします。敷き藁は夏場の高温から畝の乾燥と地温上昇を守ります。その他に、雑草対策にも有効です。

●仕立て方

　仕立て方は一番花の下の節から発生する2本の枝を伸ばして、主枝と側枝の3本仕立てとします。伸ばした枝の下に着いている脇芽はすべて摘み取ります。ピーマンはどの節も枝が2本に分かれる性質があります。花はすべての分枝点に着きます。枝摘みをしませんと、過繁茂となり、風通しが悪くなり病害虫の発生に繋がります。葉や枝で茂りすぎたりしますので、枝の間引きや内側に伸びている枝などは摘み取ります。花が多く着いてきたら摘花を行い草勢の維持を図ります。

●追肥

収穫が始まったら追肥を始めます。その後の追肥は１０日間隔くらいで行います。追肥として施す化成肥料（8-8-8）の量は３坪当たり３００ｇとします。多くの窒素肥料を与えますと、石灰の吸収を阻害して、尻腐れ果の発生が多くなります。

●かん水

ピーマンは乾燥に弱く、また、多湿にも弱い野菜です。夏場に乾燥が続きますと奇形果や尻腐れ果の発生が多くなりますので、少雨の夏にはしっかりとかん水をします。過湿にも弱いので、かん水は畑が乾燥した時だけに行います。

●収穫

ピーマンは開花してから１５～２０日で収穫となります。枝が折れやすいのでハサミで収穫をします。収穫のときに内側の脇芽は摘み取っておきます。ピーマンは１株で４０～５０個の果実が収穫出来ます。

落花してしまうと心配になりますが、ピーマンは１株で１００花以上の花が着きますが、５０％くらいが果実で収穫をしますが、残りの花は落花してしまいます。しかし、一度に多くの落花がある場合には、成り疲れになっています。その場合には草姿が弱くなっていますので、追肥の間隔を短く、与える化成肥料（8-8-8）の量は少なくして、根の回復を図ります。多くの小さい果実が着いていますので、摘果も勧めます。葉面散布も有効です。

●主な病気

ウイルス病、黄化えそ病、斑点細菌病、青枯病、軟腐病、疫病、炭疽病、白斑病、ウドンコ病、菌核病、白絹病、灰色かび病、苗立枯病、

●主な害虫

アブラムシ類、ハダニ類、チャノホコリダニ、アザミウマ類、タバコガ類、テントウムシダマシ類、

パプリカの栽培

図31　パプリカの果実

●地域別の作型について

　地域別の植え付け時期は、冷涼地、中間地、暖地の霜が降らなくなったら植え付け時期となります。

●特性

　パプリカやピーマンの元は辛いトウガラシで、原産地は南アメリカです。トウガラシから辛みを抜き去ったものがピーマンで、ピーマンが完熟したものがカラーピーマンです。そのカラーピーマンより肉厚のものがパプリカです。

　完熟で収穫するピーマンで、果実の形はベル型をしています。果皮は軟らかく光沢があります。果実の大きさは１００ｇ前後で、果肉も厚く、甘味があります。完熟になるまで、開花から５０〜６０日かかります。未熟果で収穫するときは、開花から１５日くらいです。パプリカは同じピーマンですが、パプリカの方が肉厚です。発芽適温は２５〜３０℃で、生育適温は２２〜３０℃です。連作障害があり、一度作付けしますと、３〜４年は栽培が出来ません。生育の適正酸度はｐＨ６．０〜６．５です。

●畑の準備

　畑には、３坪当たり２０〜３０kgの堆肥と１.５kg程度の苦土石灰を入れて、よく土と馴染ませます。果実は着色するまで期間が長いので、堆肥として牛糞堆きゅう肥を用います。その後に元肥を入れます。元肥として３坪当たり化成肥料（8-8-8）を３kg入れます。畝はナスと同様で、畝幅が６０cmで、高さは１５cmの畝を作り、畝にはマルチを張り乾燥を防ぎます。マルチを張る前に畝には十分な水分を与えてから張ります。３坪の畑では５mの畝が２本作れます。３坪の畑に約１６株程度は植えられます。

●育苗より購入苗を勧めます

　育苗には時間が掛かりますから、購入苗の購入をお勧めします。

●植え付け

　植え付けするときの株間は６０cmとします。その後、第１番花が咲くか咲かないくらいの苗を植えて株元を軽く鎮圧し、株元かん水を必ず行います。晴天が続きますと、２〜３日で株元が乾いてきますから、また株元かん水を行って根付きを促します。根付きをするまで３〜４回の株元かん水を勧めます。

●植え付け後の管理

　植え付け後に最初の１番花を摘花します。次の２番花を肥大させます。パプリカはどの節からも２本の枝になります。枝は１番花の着いている節から出た側枝を伸ばし、２本とし、どちらかの枝をまた２本にします。これで３本仕立てになります。３本の枝を維持するために、節から発生する枝のどちらかを摘んで、常に、３本の枝を維持します。パプリカは節ごとに花が着きますので、すべて着果させるのではなく摘花をします。パプリカは１株で、平均２５個程度しか収穫が出来ません。１つの枝に７〜８個の収穫果を着けます。多くの花を着けますと果実肥大が悪くなり、流れ果になります。多くの摘花を勧めます。

●追肥

　最初の果実が肥大を始めたら追肥を始めます。１回に与える化成肥料（8-8-8）の量は３坪当たり２５０ｇとします。１０日間隔で追肥をします。ピーマン類は石灰欠乏からなる尻腐れが発生しますので、石灰欠乏にならないよう注意が必要となりま

す。窒素肥料やカリ肥料が畑に多く残っていますと、石灰欠乏が発生しやすくなります。

●かん水

水不足になりますと果実肥大が悪くなりますので、乾燥させないようかん水をします。かん水の時間は朝が最適です。

●収穫

パプリカは開花してから５０〜６０日後に収穫となります。果実が完全に着色してから収穫をします。パプリカの枝は折れやすいので、ハサミで収穫をする際に枝を支えてから摘み取ります。

●主な病気

ウイルス病、黄化えそ病、斑点細菌病、青枯病、軟腐病、疫病、炭疽病、白斑病、ウドンコ病、菌核病、白絹病、灰色かび病、苗立枯病、

●主な害虫

アブラムシ類、ハダニ類、チャノホコリダニ、アザミウマ類、タバコガ類、テントウムシダマシ類、

ちょっと知識

パプリカの栄養価

パプリカはピーマンの仲間で、黄色や赤色、緑色をはじめ、鮮やかな色合いと種類が多いです。ピーマンでも収穫をせずにいますと、赤色のパプリカのようになります。しかし、ピーマンはパプリカと比べますと肉厚が薄いです。パプリカには食物繊維、鉄分、カリウム、ビタミンＡ、ビタミンＢ１などの栄養素が多くを含まれています。黄色や橙色などの色のものには、カプサンチンやルテインといった成分を含んでいます。現在、よく言われていますポリフェノールも含有し、また、捨ててしまいがちな種やわたにも栄養素が含まれています。開花してから収穫までに日数がかかりますが、是非、畑で作ってみて欲しい野菜です。

シシトウの栽培

図32 シシトウの着果

●地域別の作型について

　地域別の植え付け時期は、冷涼地、中間地、暖地の霜が降らなくなったら植え付け時期となります。

●特性

　シシトウの原産地は熱帯アメリカで、トウガラシの中で辛みのないものをシシトウと呼びます。暑さや病害虫に強いので作りやすい野菜です。連作障害が強く、１度作りますと３〜４年休ませる必要があります。生育適温も２５〜３０℃と高めとなります。水はけの良い畑を好みます。

●畑の準備

　シシトウは肥沃な土壌を好み、多肥栽培となります。連作ができませんので、輪作をお勧めします。適正酸度はpH６.０〜６.５で、酸度調整をよく行います。堆肥を３坪当たり２０〜３０kg入れ、苦土石灰も３坪当たり１kg以上は施して土とよく馴

染ませます。栽培期間が長いので、堆肥として豚糞堆きゅう肥を用います。その後に、元肥として、化成肥料（8-8-8）を3坪当たり3kg入れます。畝は畝幅が60cmで、高さが15cmとします。3坪の畑では5mの畝が2本出来ます。3坪の畑に20株程度が植えられます。

●育苗より購入苗を勧めます

育苗管理が大変ですから、購入苗をお勧めします。

●植え付け

植え付けする株間は45〜50cmとし、一番花の咲いた苗（本葉が8〜10枚）を植え付けします。植え付け後には株元かん水をして根付きを促します。株元かん水は3日間隔で3回以上続けます。植え付け直後は倒れやすいので、仮支柱を立てて倒れないようにします。

●植え付け後の管理

生育が進みましたら、支柱を垂直にたてて株を誘引します。畝を乾燥から守るために敷き藁をします。敷き藁は夏場の高温からも根を守ります。その他に、雑草対策にも有効です。

●仕立て方

仕立て方は一番花の下の節から発生する2本の側枝を伸ばして、主枝と側枝の3本仕立てとします。伸ばした枝の下に着いている脇芽はすべて摘み取ります。シシトウはどの節からも枝が2本に分かれる性質があります。花はすべての分枝点に着きます。枝摘みをしないと過繁茂となり、風通しが悪くなり病害虫の発生に繋がります。葉や枝で茂りすぎたりしますので、枝の間引きや内側に伸びている枝などは摘心します。シシトウには無駄花がなく、全てが着果します。比較的単為結果性が強いので、多く着いてきたら摘花を行い草勢の維持を図ります。

●追肥

収穫が始まったら追肥を始めます。その後の追肥は10日間隔くらいで行います。施す化成肥料（8-8-8）の量は3坪当たり300gとします。

●かん水

シシトウは乾燥に弱く、また、多湿にも弱い作物です。夏場に乾燥が続きますと奇形果の発生が多くなりますので、少雨の夏にはしっかりとかん水をします。過湿にも弱いので、かん水は畑が乾燥した時だけに行います。水分不足になりますと、ストレスがかかり辛くなる場合があります。

●敷き藁

シシトウは乾燥に弱いので、夏場の高温になりますと萎れがでます。また、畝の地温が上がり過ぎますと根が焼けて生育が悪くなりますので、通路や畝の上などに敷き藁をして温度上昇を防ぎます。

●収穫

シシトウは開花して、果実の大きさが5～7cmになり、光沢が良くなったころが収穫となります。枝が折れやすいのでハサミで収穫をします。収穫のときに内側の脇芽は摘み取っておきます。シシトウは10月ころまで収穫が出来ます。

落花してしまうと心配になりますが、シシトウは100花以上の花が着きますが、乾燥などで草勢が弱ってきますと落花を発生してしまいます。しかし、一度に多くの落花がある場合には、成り疲れとなっています。その場合には草姿が弱くなっていますので、追肥の間隔を短くして、与える化成肥料（8-8-8）の量は少なくして、根の回復を図ります。多くの小さい果実が着いていますので、摘果を行って株の負担を減らして、葉面散布などで回復を図ります。

●病害虫

モザイク病、黄化えそ病、斑点細菌病、青枯病、軟腐病、疫病、炭疽病、白斑病、ウドンコ病、菌核病、白絹病、灰色かび病、苗立ち枯病

●主な害虫

アブラムシ類、ハダニ類、チャノホコリダニ、アザミウマ類、タバコガ類、テントウムシダマシ類、

スイカ（ウリ科）
スイカの栽培

図33　スイカの生育状況

●地域別の作型について

　地域別の植え付け時期は、冷涼地、中間地、暖地の霜が降らなくなったら植え付け時期となります。

●特性

　スイカは高温地域の作物で、原産地は熱帯アフリカの砂漠地帯で、乾燥している環境が適しています。砂地や水はけのよい土壌が適します。栽培可能な温度は１０〜４０℃と広いですが、生育がよいのは２０〜３０℃です。土壌の酸度はpH５.５〜６.５と弱酸性の土壌が適しています。植える前に酸度調整を行います。連作障害がありますので、同じ畑に連続して栽培することは避けます。スイカの栽培が終了したら、イネ科植物などを植え、輪作をすれば連作障害は軽減できます。また、接ぎ木苗で栽培すれば回避できます。

●畑の準備

　堆肥を３坪当たり２０kg入れ、苦土石灰も同時に１kg程度入れ、よく土と馴染ませます。後半に肥効が強くなりますので、堆肥として牛糞堆きゅう肥を用います。そ

の後、元肥として、３坪当たり化成肥料（8-8-8）を１.５kgと控えめに施します。

●畝作り

　畝幅は、地区によって色々とあり、その幅には１５０cm前後とちがいがあります。畝の上に蔓を這わす場合であれば、広くする必要が出てきます。畝と畝との畝幅は２m５０cmくらい取ります。蔓を４本伸ばしますが、すべて同じ方向と畝の両方に伸ばす場合もあります。それによって畝幅は異なっていきます。畝の高さは１５〜２０cmで、マルチを張る前に、畝に十分な水を与えてからマルチ張りをします。早い植え付けではグリーンマルチを用いますが、気温が高くなった時期では黒マルチを用います。植え付けられる株数は３坪の畑で４〜５株となります。

●苗の状態

　スイカは本葉が４〜５枚の大きめの苗で植え付けます。連作障害の回避や増収の目的で接ぎ木苗を使います。台木として、ユウガオ、カボチャなどを用います。接ぎ木苗の購入をお勧めします。食味の点からユウガオの苗を使います。

●植え付け

　植え付けする株間は１００cmと広く取り、植え穴をよく混和して、苗を植えます。植え付け後、直ちに株元かん水を行い、根付きを促します。株元かん水は１回だけでなく、３日間隔で３、４回は行います。

●植え付け後の仕立て方

　根付き後に親蔓が伸びて、本葉が６枚になれば親蔓を摘心します。摘心した親蔓から子蔓が発生し、伸びてきた子蔓の４本を重ならないように注意して伸ばします。

　残った伸びの悪い子蔓は取り除きます。伸ばす方向は、両方向に２本ずつ伸ばす場合と、全部の子蔓を一定方向に伸ばす場合とがあります。伸びた子蔓に雌花が着いてきます。第１番の雌花は摘み取り、２番の雌花に交配をします。

　スイカはカボチャと異なり、草勢が弱いので、最初から雌花を着果させますと、草勢が弱くなりますので、草勢が強くなったところに着果させます。交配した果実までの節に発生した孫蔓は早めに除去します。交配果から先の節から発生した孫蔓が伸ばします。どの子蔓にも交配果を着けますが、最終的に１株に良い果実を２果だけにします。

●敷き藁

　蔓が伸びてきますと、雌花が直接に地面と触れないように敷き藁をします。敷き藁をすることにより、土壌の乾燥を防ぐことができます。

　敷き藁を始めますと、ダニ類の発生が高くなりますので注意します。

●交配

　交配をするとき、雄花から花粉が出ているかを確認して、午前9時までに交配を終了させます。交配をしても流れてしまう雌花もありますので、咲いている雌花はすべて交配をします。着果すれば、1蔓に1個の果実にし、あとの果実は摘果します。

●交配日を葉に記す

　収穫の適期が分からないことが多く、多くの方は熟す前に収穫をして、甘くない場合が多いです。スイカは交配して20日経過しますと、果実の肥大は終わり、収穫果と同じ大きさになり、果皮も濃緑色となりますので、交配して30〜35日経過したものを収穫してしまいますと、その果実の肉質は赤くならず、淡いピンク色の状態で、甘味がありません。スイカの熟期は交配して40〜45日後となります。交配後の積算温度は1000℃となり、平均気温が25℃であれば、40日となります。気温が高くなりますと、それより早く熟します。毎日の平均気温を加えて1000℃になれば収穫期です。

　よく熟期をみるには、果実を叩いて音をみる方法がありますが、一般の方には難しいと思います。果実が着いている節の巻きひげがすごくカールしたら熟期と話される方もいます。メロンのように果実が着いている節に葉が黄化したら熟期とも言われる方もいます。

　実際に、客観的に熟期を見る場合、雌花の着いている節から出ている葉に交配した際に、交配日をマジックインキで記して、果実が大きくなってきたら、気温の変化がありますが、交配日に40〜45日を加えた日が収穫日となります。

　平均気温が高く推移しますと熟期が早くなります。交配日から40〜45日経過した果実を選んで、試し切りを行い、内部の熟度を確認します。

●追肥

　着果する前に、早々と追肥をしますと蔓ぼけになり、着果がしにくくなります。元

肥を控えて、追肥を重点とした栽培を行います。

　追肥を始める時期は、最初に着果させた果実が肥大を始めたら行います。さらに肥大してご飯茶碗の大きさまで肥大したら、２回目の追肥を行います。

　１回の追肥の化成肥料の量は、３坪当たり２００〜３００ｇとします。

●玉直し

　収穫予定の１０日前に、果実を横向けにして、果実の花落ち部分に太陽の光を当てて、果実全体を緑化させます。品質の向上に繋がります。

●収穫

　スイカの果実の熟期が難しく、積算温度が１０００℃ですから、平均気温が毎日２５℃であれば、雌花が開花して４０日が熟期を迎えることになります。

　交配日を葉に記すと説明したように、葉に交配日を書くことで未熟果はなくなると思います。

●草勢の判断

　植え付け後に蔓が伸びて最初の雌花が着きます。雌花の着いた節から芯までの長さが５０cm前後であれば順調な生育です。それが短い場合は草勢が弱いと考えます。

　カボチャと同様に、蔓先が持ち上がっていれば草勢が強いです。

　展開した葉を見ますと、丸みを持った葉であれば順調ですが、展開した葉の欠刻（切れ込み）が強い場合は、草勢が弱いです。

　日平均気温は〔最高気温＋最低気温〕を２で割ったものです。

　積算温度は毎日の日平均気温を加えたものです。

●主な病気

　ウイルス病、褐斑細菌病、果実汚斑細菌病、ウドンコ病、炭疽病、つる枯病、菌核病、疫病、褐色腐敗病、白絹病、黒点根腐病、つる割病、

●主な害虫

　ハダニ類、アブラムシ類、ミナミキイロアザミウマ、ウリハムシ、

84

露地メロンの栽培

難易度
4

図34　仕立てる前のメロン

●地域別の作型について

　地域別の植え付け時期は、冷涼地、中間地、暖地の霜が降らなくなったら植え付け時期となります。

●特性

　メロンは温度管理や水分管理が難しく、難易度の高い野菜です。栽培する条件には日当たり、土壌の通気性や排水性の良さが求められます。生育の段階によって、水の与え方が変化して、生育に必要な水分量を与えて、その都度、温度管理も必要となります。

●育苗

　メロンは自根栽培が多いですから育苗で苗を作ります。9cmのポリポットに市販の培土を詰めますが、培土を詰める前に、培土に十分なかん水をした後、棒のようなもので攪拌して培土に空気を入れ、ポットに種子を2粒播きます。

　覆土をした後に軽く鎮圧し、新聞紙で覆います。発芽の地温は20〜30℃とし、発芽を確認しましたら、新聞紙を取り除き、地温も下げて徒長を防ぎます。子葉が展開したら、間引きをして1株にします。本葉が展開してきましたら、徐々に地温を下げて、本葉3〜4枚の苗になるまで地温を徐々に下げて、最終的には18℃まで下げます。

●畑の準備

　植え付ける１か月前くらいから畑に３坪当たり堆肥を２０kg入れ、同時に苦土石灰を１kg入れて土と馴染ませておきます。メロンは後半に肥効が強くなりますので、堆肥として牛糞堆きゅう肥を用います、その後、元肥として、３坪当たり化成肥料（8-8-8）を２kg入れて土と馴染ませます。元肥を多く施しますと、草勢が旺盛となり、果実の着果が悪くなり、病気の発生が多くなります。よって品質も悪くなります。

●植え付け

　畝幅を８０〜１００cmで、畝の高さは１５cmとします。メロンの根は過湿に弱いので高めの畝にします。畝には黒マルチをして、乾燥をしないようにします。３坪の畑には８株程度の植え付けとなります。植え穴を６０〜８０cm間隔で開けて、本葉が３〜４枚に生育した苗を植えます。植え付け後に必ず株元にかん水をして根付きを促します。

●仕立て方

　植え付け後に根付きして、親蔓が伸びて本葉が５枚程度展開したら、芯を摘みます。子蔓が各節から４〜５本出てきます。その子蔓の中で旺盛な生育をしている子蔓を２本選び、その他の子蔓はハサミで切って取り除きます。

　子蔓は２本とも一定方向に伸ばします。子蔓は本葉が２０枚程度まで伸びたら芯を摘みます。子蔓から発生する孫蔓は７〜８節まですべてを摘みます。その先から発生した孫蔓は９〜１２節までは伸ばします。それ以上先の孫蔓は摘み取りますが、子蔓の摘心した節から下に数えて３節までに伸びた孫蔓３本を伸ばして草勢の維持を図ります。９〜１２節から伸ばした孫蔓の１節目に着いた雌花を着果させます。その着果した幼果の中から形状のよいものを２果残し、その他の幼果は摘果します。１株に着果させる果実は２個程度にします。

●交配

　交配は天気のよい日が望ましいです。夜温は１５℃以上が必要で、交配の時間帯は早朝がよく午前９時までには終了させます。当日に開花した雄花を摘み取り、雄花の花弁を取った雄しべの部分を雌花の雌しべに着けることで受粉をさせます。天気が悪くて温度が低いと雄花の雄しべから花粉が出ていないことがありますから、交配をする前に雄しべから花粉が出ているかを確認して欲しいです。交配してから受精まで２４時間かかります。

●追肥

　孫蔓に着果させた果実が肥大して、大きさが直径５cm（こぶし大）くらいになった時点で施します。追肥の化成肥料（8-8-8）の量は３坪当たりに２５０ｇとします。多くの追肥を与えますと、草勢が強くなり果実肥大が悪くなり、果実の糖度も低くなります。栽培後半の追肥には十分に注意します。

●かん水

　着果するまでは多くの水は必要としませんが、着果したらかん水を行います。果実を大きくする時期には水が多く必要となります。果実の肥大が止まってきましたら、水はひかえます。いつまでも水を多く与え続けますと過肥大をし、ネットの入りも悪くなります。果実肥大が止まってきます（目安として、着果後３０日）と、果実の着いた節に着いている葉が枯れ始めた頃からかん水を控えます。

　メロンの根は浅く横に広がる果菜類で、酸素を多く必要とします。雨が降って畑に水が溜まって根が呼吸しにくくなりますと、急性萎凋症を発生して枯れる場合があります。また、湿気にも弱く、栽培中のかん水量にも注意します。排水をよくしないと草勢が弱ってしまいますので、かん水には注意が必要で、かん水は午前中に行います。

　ネットの入るメロンの場合には、果実に大きなヒビが入り始めたらかん水量を控えていきます。

●収穫

　品種によって異なりますが、収穫が近づいてきますと、果実の着いている節の葉が枯れ始めます。完熟が近づきますと付け根の葉が黄色になります。雌花の着果後４０〜４５日経過しますと香りが出始めたら収穫の適期となります。品種によって完熟までの日数は異なりますので、品種の特性を調べてから収穫日を決めて欲しいです。

　香りが出始めたら、果実の尻部を軽く押して軟らかくなったころが食べ頃になります。

●主な病気

　ウイルス病、えそ斑点病、斑点細菌病、褐斑細菌病、つる枯病、ウドンコ病、べと病、菌核病、つる割病、黒点根腐病、

●主な害虫

　アブラムシ類、ハダニ類、ウリハムシ、ミナミキイロアザミウマ、

ニガウリ（ウリ科）

ニガウリの栽培

難易度
3.5

図35 白いニガウリ

●地域別の作型について

　地域別の植え付け時期は、冷涼地、中間地、暖地の霜が降らなくなったら植え付け時期となります。

●特性

　ニガウリは温かい地方の野菜で、低温には弱いです。播種する時期は４月ころで、植え付けは気温の高くなる５月くらいに行います。果実の表面は凸凹になっていて、食味は苦味の強い野菜です。炒めものなどに向きます。

●育苗

　播種箱に市販の培土を詰めて、かん水を行って培土に水分を与えた後に、棒などで培土を攪拌して空気を含くませます。詰めた培土の表面を平らにして播種します。種子の間隔は２cmで、条間は５cmくらい取ります。種子は硬い硬実種子で、吸水が悪いので、爪切りで少し切り口を付けてやりますと発芽が良くなります。水に付けて置きますとさらに発芽が揃います。発芽温度は２５℃くらいにします。

　発芽して、本葉が１枚展開したら、培土を詰めた９cm～１０.５cmのポリポットに移植します。本葉が５枚程度まで育苗管理を行います。

　育苗でのかん水は朝に行い、夕方のかん水は控えめにします。夕方のかん水を行いますと培土の水分が高くなり徒長した苗になります。

●畑の準備

　植え付けの２〜３週間前に堆肥を３坪当たり２０ｋｇ入れ、苦土石灰を１ｋｇ程度入れてよく土と馴染ませて置きます。ニガウリは栽培期間が長いので、堆肥として豚糞堆きゅう肥を用います。土壌の酸度はｐＨ５.５〜６.５とします。多くの肥料を与えますと、生育が旺盛になり、雌花が付かなくなります。元肥として、３坪当たり、化成肥料（8-8-8）を２.５ｋｇとします。

　畝と畝の間は広く１５０〜２００ｃｍとし、アーチを立てますので広くします。また、1.5ｍ間隔で支柱を立てて、ネットを張り、誘引します。株間は１００ｃｍ以上と広くします。

●植え付け

　気温が高くなった時期を選んで、本葉５〜６枚の苗を植えます。植え付け後に株元かん水を行い、たっぷりと水を与えて根付きを促します。茎が細いので仮支柱で支えます。しっかりとした生育になれば、アーチに張ったネットに誘引をします。

●整枝方法

　ニガウリは親蔓に雌花は付きませんので、子蔓を伸ばして果実を着けます。植え付け後に本葉が６〜７枚になれば、親蔓の芯を摘み、子蔓の発生をよくします。伸ばす子蔓は４〜５本とし、伸びてきたらネットに誘引をして行きます。子蔓はアーチの肩のあたりで摘み、アーチ内に光が入るようにします。子蔓から発生した孫蔓は少し伸ばしてから芯を摘みます。放任にしますと、草勢が弱ってきますので注意します。過繁茂にしないような管理が良いです。

　放任状態にしますと、雌花の付きが多くなり、果実肥大が悪くなり、収量減に繋がります。

●摘葉

　アーチ内が暗くならないように、葉が多くなってきたら、摘葉を行いアーチ内の風通しをよくします。風通しが悪くなりますと、病気の発生や葉の老化が早まりますので、随時の摘葉をします。

●追肥

収穫が始まったら追肥を始めます。１回に施す化成肥料（8-8-8）の量は３坪当たり２５０ｇを目安とします。間隔は１０日から２週間で行います。

施す位置は畝の肩にばら撒きをします。

●交配

ニガウリは雌雄異花で、低温期にはミツバチの飛来が少ないので、雌花の雌しべの柱頭に雄花の雄しべを付けて受粉をします。交配は朝に行います。

●収穫

雌花が開花してから、１５〜２０日経過しますと、ヒダの盛り上がり、成熟直前のものを収穫します。果皮は傷つきやすいので、蔓を傷めないように、ハサミで収穫をします。少し取り遅れますと、果実表面は黄色味を生じ、果皮が裂けてしまいます。過熟まで果実を付けていますと、草勢が弱くなりますので、若採りに心掛けします。

過熟した果実の中に種子の周りを赤いゼリーが覆っています。このゼリーが甘くて食べられます。メロンの仲間ですから当然完熟しますと甘くなるのです。

●病害虫

ニガウリに発生する病気は、ウドンコ病、炭疽病で、土壌病害の蔓枯れ病、蔓割れ病の発生もあります。

害虫として、オオタバコガ、ハスモンヨトウ、ウリハムシ、アブラムシなどがあります。

ちょっと知識

雌花着生と収穫果

　ウリ科野菜の雌花の着生は、親蔓より子蔓、子蔓より孫蔓と雌花の着きが強くなってきます。ニガウリは親蔓には雌花がほとんど着きません。そのために親蔓は６節前後で摘み、子蔓を多く伸ばす仕立て方になっています。株間を広くして、アーチ幅も広くします。株間は２ｍ近くする方が多いです。子蔓も４〜５本伸ばします。その子蔓をネットに誘引をします。交配はミツバチが行ってくれます。果実の肥大は開花から２週間程度で収穫となります。収穫を忘れますと、果実が黄色くなり、果実の尻部が裂けて、赤い種子が出てきます。種子の種皮が甘いので、その種皮を食べるために作っている方も多いです。

◎豆類

　豆類は、果菜類とは異なり、子実を収穫するもので、元は穀類に属します。しかし、その穀類を未熟で食べるものを野菜として扱っています。

エダマメの畑（福島県）

全国的にエダマメの生産が増加していて、各地でエダマメの作付けが増え、この写真のエダマメ畑の面積は 10ha 以上あり、農業法人で経営されています。

エダマメの栽培

豆類

図36 エダマメの着莢

●地域別の作型について

冷涼地の露地の播種期は５月中旬です。

中間地の露地の播種期は４月下旬です。

暖地の露地の播種期は４月上旬です。

●特性

原産地はアジア（中国）で、大豆の未熟な子実を食べる野菜です。エダマメの発芽適温は２５〜３０℃で、生育適温は２０〜２５℃です。エダマメには連作障害がありますので、畑を２〜３年休ませます。栽培上で、肥料過多と水分過剰に注意して欲しいです。

●畑の準備

　生育初期は湿害を受けやすいので、排水のよい畑を選びます。特に、過湿には注意が必要です。有機物に富んだ肥沃な土壌を選ぶことが大切です。堆肥投入などをして、土壌の腐植率を高めた土づくりをします。

　露地栽培では、３坪当たり堆肥を２０kg入れ、苦土石灰を１kg入れてよく土と馴染ませます。エダマメは中盤からの肥効が強くなりますので、堆肥として牛糞堆きゅう肥を用います。元肥として３坪当たり化成肥料（8-8-8）を０.８kg入れてよく耕しておきます。化成肥料（8-8-8）を多く施しますと、葉が大きくなり、茎が伸びて着莢しなくなります。

　畝作りは、畝幅を６０cmで、高さ１０cmに作ります。株間を２０～３０cmとして、１植え穴に２粒播種します。３坪の畑に５mの畝が２つ出来、２０cmの株間で播種しますと、５０株前後が植えられます。

●播種

　適温での播種を心かけます。種子は乾燥していますので、急激に水を多く与えますと、種子が腐敗して発芽が悪くなり、生育にも悪い影響がでますので多量な水は注意します。

　低温期の栽培では、播種後にトンネルなどで被覆します。

　直播では、明日に雨が予想されたら、播種は止めて雨上がり後に播種します。

　直播では植え穴に２粒播き、初生葉が展開した時点で間引きし、１株にします。

　畑に播種した後、鳥害対策にも心がけて欲しいです。

●管理

　露地の栽培はマルチをしませんので、生育期間中に１～２回除草をかねて土寄せをします。土寄せの１回目は本葉が３～４枚時で、子葉がかくれるところまで土寄せをします。２回目は本葉６枚時に初生葉がかくれるところまで土寄せをします。土寄せによって倒伏を防止になり、根の発生をよくする目的で行います。

　６月播き以降では、短茎となるため、強い土寄せは控え、別な方法で除草対策を行います。

　開花してからは、乾燥させないよう水管理をします。乾燥させると、莢の肥大が悪くなり、から莢や１粒莢が多くなります。晴天が続いて土の表面が乾燥したときはかん水を行います。かん水を回数多く行いますと根腐れを起こしやすくなります。

追肥は基本的には行いません。すごく痩せた畑においては行いますが、エダマメは根粒菌を根に持っていますので、空気中の窒素を固定して生育に使われますので、窒素肥料を多く与える必要はありません。追肥をしますと株全体が徒長して、莢の付きが悪くなります。

追肥は基本的に行いませんが、収穫5〜7日前に莢色や葉色が淡い場合には、窒素を中心とした葉面散布剤で散布します。

●収穫

エダマメの収穫までの日数は、開花してから収穫まで30〜35日となりますので、適期収穫をお願いします。莢がふくらんできたら、試しもぎをして豆の膨らみを見て、豆の大きさが8分くらいの時期から収穫に入ります。適期は3〜5日間くらいと短いので注意します。過熟となりますと風味が急速に低下してしまいます。

●生理障害

エダマメの畑は比較的に痩せていますので、病気の発生が少ないです。ただし、高温多湿や密植状態で病気が発生することがあります。連作と排水を考えて畑を選考して、生理障害を少なくします。

●主な病気

ウイルス病、べと病、紫斑病、菌核病、さび病、黒根腐病、萎凋病、茎疫病、

●主な害虫

アブラムシ類、カメムシ類、ダイズサヤタマバエ、シロイチモジマダラメイガ、ダイズサヤムシガ、ウコンノメイガ、ハスモンヨトウ、フタスジヒメハムシ、コガネムシ類、オンブバッタ、ハダニ類、

さやエンドウ〔エンドウ豆〕(マメ科)
さやエンドウの栽培

難易度
4.5

図37　さやエンドウの莢

●地域別の作型について

冷涼地の播種期は４月上旬です。

中間地の播種期は１０月中旬です。

暖地の播種期は１１月上旬です。

●特性

原産地は中央アジアで、生育適温は１５～２０℃です。２８℃を超えると開花、結実を妨げ減収します。根が深くまで伸びるため土壌の乾燥には強いです。しかし、停滞水には極めて弱く、高温時に排水不良になると枯れ上り、病気の発生が見られます。このため、水田転換畑では高畝にする必要があります。連作障害が発生しやすいことから、３～５年間、畑を休ませるか、輪作をすることが望ましいです。越冬率を上げるために、早播きは避けます。

●畑の準備

エンドウは冷涼な気候を好み、一般的には秋に播種して、春から収穫します。若い苗の時期には低温に強いです。

３年以上エンドウを栽培していなく、排水のよい畑を選びます。酸素要求量が高く、深く根を張るため、耕起の際は深耕を心がけます。

根粒菌が着生するので、窒素施肥は少なめにします。また、酸性を嫌うので、pH６～７を目安に石灰を施用します。堆肥は３坪当たり２０kg入れて土とよく馴染ま

95

せます。苦土石灰を３坪当たり１kg入れて土を施し深耕します。さやエンドウは長期収穫となりますので、堆肥として豚糞堆きゅう肥を用います。元肥として、３坪当たり化成肥料（8-8-8）を１.５kg入れ、元肥主体にします。着莢する頃に追肥をしますと、莢重、草丈が伸びて多収となります。秋播きでは早春に１回目の追肥を行い、開花期に２回目の追肥をします。春播きでは、草丈 １０〜２０cm頃に１回行います。

マルチは秋播き栽培では、地温確保、畝の過湿防止、雑草抑制のために、黒色マルチを用います。

●畝作り

元肥を入れて、よく土と馴染ませたら畝を作ります。畝幅は１５０cmで、高さが１０〜２０cmの畝を作ります。高くするのは水はけを良くするためです。

●播種

さやエンドウの播種は１０月中旬〜１１月上旬に行います。播種を気温の高い時期の早播きをしますと、寒くなる前に苗が大きくなり過ぎて、耐寒性が弱くなってしまいます。また、気温が低くなる頃に播種しますと、蔓の伸びが悪くなり、莢付きが悪くなり収量が減ります。適期の播種をします。

１箇所に深さが３cmの植え穴に３〜４粒播種し、軽く覆土し鎮圧をして、十分なかん水をします。秋播きの場合、年内の生育が本葉 ５枚以上となると越冬率が低下しますので、予備として播種してから１週間後に再度播種し、最初には播種した近くに播きます。

栽植密度は、秋播きは畝幅 が１５０cm程度で、条間が５０cmで２条とし、株間４０cmとします。

●間引き

間引きは草丈が７〜８cmで本葉が３〜４枚 になったら生育の悪い株を間引きして、１ヵ所２本立てになるようにします。秋播きでは、早春に間引をします。

●支柱立てと誘引

巻きひげが出てくる前（本葉４〜５枚）に、品種の特性に合せた長さの支柱を畝に２〜３m間隔で立て、ネットを張ります。さやエンドウは蔓がまっすぐに伸びてネットに絡んでいきますが、スナップ系では蔓が離れやすいので、ポリテープ等で蔓をネッ

トに誘引します。

●整枝

　枝が多く発生し過繁茂になりますと、過湿や光線不足となり、病気が発生しやすく、減収の原因となります。秋播きの場合、主枝及び第１次分枝を利用します。第２次分枝は開花しても結実しないことが多いので早めに除去します。

●かん水

　さやエンドウのかん水は多く必要としませんが、葉が萎れたときや、莢が出来始めたときなどは水を必要としますが、雨がある程度降ればかん水は行わなくてもよいですが、降雨がない場合に乾燥が続けばかん水をします。

●追肥

　さやエンドウの追肥は、生育を始めて１か月後に株元に追肥を行います。畝の肩あたりに施して、軽く土寄せをします。２回目の追肥は２月下旬、３回目は３月下旬に行います。その後の４月以降の追肥は２週間の間隔で追肥をします。追肥を行う場合は窒素肥料の量に注意します。窒素肥料を多く与えますと、蔓ぼけ気味になり、莢付きが悪くなります。追肥の量は化成肥料（8-8-8）で３坪当たり２００ｇとします。

●収穫

　開花後　２０日くらいで収穫となります。収穫適期は絹莢では、豆のふくらみが目立たない時期で、スナップ系では、粒が十分肥大した時期です。大きさや品質を揃えるように収穫します。品質保持のため、収穫は早朝に行い、直射日光に当てないように注意します。収穫が遅れますと、莢が硬くなり食味が悪くなります。収穫はハサミでヘタの部分を切り取って行います。

●主な病気

　ウイルス病、茎えそ病、ウドンコ病、褐斑病、褐紋病、さび病、立枯病、根腐病、灰色かび病、

●主な害虫

　ナモグリバエ、アブラムシ類、ヨトウムシ類、ハダニ類、

スナップエンドウの栽培

難易度
3

図38 スナップエンドウの莢

●地域別の作型について

冷涼地の播種期は４月上旬です。

中間地の播種期は１０月中旬です。

冷涼地の播種期は１１月上旬です。

●特性

原産地は中近東で、エンドウは日本に中国を経て明治時代に導入されました。スナップエンドウは１９７０年代にアメリカから入ってきました。蔓性の品種で、草丈が１２０〜１５０cmとなり、長期間収穫ができます。支柱を立てて栽培します。

スナップエンドウは、小さい苗ですと、冬越しをするときに、寒さの被害にあって枯れてしまいます。種子の播く時期を守ります。発芽適温は１８〜２０℃で、生育適温が１５〜２０℃です。連作障害が強くて、一度作ると５年以上畑を空けておく必要があります。生育の適正酸度はpH６.０〜７.０です。蔓なしの品種もあります。

●畑の準備

エンドウ類を植えてから５年は経過した畑で、エンドウは酸性土壌に弱いので、植え付ける畑の２週間前に苦土石灰を３坪当たりに１.５kg入れてよく土と馴染ませて、中和しておきます。播種する１週間前になったら、堆肥を３坪当たりに２０kg

と化成肥料（8‐8‐8）を1.5kg入れてよく土と馴染ませます。スナップエンドウは長期収穫となりますので、堆肥として豚糞堆きゅう肥を用います。肥料を多く入れますと、蔓や葉が繁りすぎ、実の付きが悪くなります。肥料の与えすぎには注意します。　畝は、畝幅が1列作りでは60cm、2列作りでは120cmにします。畝の高さは10〜20cmと高めに作ります。畝には十分な水分を与えてから黒マルチを張ります。3坪の畑では1列作りとしますと、5mの長さの畝が2畝作れます。

●播種

　マルチに播種用の穴を30cm間隔で開けます。深さ3cmくらいの深さに、1植え穴に4〜5粒の種をまきます。播いた種子の上から2cmくらいに覆土をします。播種後にかん水をします。播種後に鳥などに種子が食べられないよう防虫ネットや寒冷紗などで畝を覆い、種子を食害から守ります。

　寒冷地以外では、秋に播種し、春に収穫するのが一般的な栽培です。10月中旬から11月上旬を目安に播種をします。寒さに当たることで花芽の分化が進みますが、播種時期が早すぎると、冬を迎える頃に苗が30cmくらいまで大きく育って、寒さに弱くなってしまいます。逆に播種が遅すぎると、冬にまだ苗が小さい状態で、寒さで枯れる恐れがあります。12月下旬〜2月の極寒期を迎えるには、15〜20cmくらいの草丈になるように播種時期に注意する必要があります。　寒冷地の場合は、春（3〜4月）に播種し、6〜7月に収穫する栽培が適しています。また、寒冷地以外でも、春に播種し、夏に収穫する栽培もできますが、その場合は秋まきに比べ収穫量が少なくなります。

●直播後の管理

　播種して1週間くらいで発芽します。発芽気温は20℃です。本葉が2〜3枚になったら、生育のよい株を2〜3本残し、間引きをします。苗の株元に土寄せをし、防寒のために藁やもみ殻、刈り草などを敷きます。かん水に関しては、水のやりすぎに注意します。

●防寒対策

　12月下旬から2月頃の時期にかけて、寒さが一番厳しくなります。この時期の苗は根を深く張り強く育っていきます。畝全体に不織布で覆って防寒対策をします。畝の北側か西側に笹竹などをさしてますと、北風除けになり、霜の被害から守ることが

できます。

●支柱たての準備

　2月頃になりますと、蔓が伸びてきます。その前に1.5～2mの支柱を立て、誘引ネットやひもを張っておきます。蔓が伸びてきたらネットに絡ませます。支柱を立てて、ネットに蔓を広げながら育てますと、蔓が絡まり、葉が密集して生育が悪くなることを防ぐことができます。蔓の背が高くなりますと、強風などでネットから蔓が外れやすくなるため、ビニールテープなどで誘引しておきます。

●支柱立て

　支柱立ての方法には、「合掌式」と「スクリーン式」があります。合掌式は、支柱を斜めに交差させて立てて、横に1本渡して固定させる立て方です。2列作りは合掌式が多いです。「スクリーン式」は、1m間隔で1本ずつ立てた支柱を柱にし、土に20～30cmの深さで挿します。両方とも間に蔓用のネットを張ります。

●摘芯

　多くの蔓が伸びてきますと、風通しが悪くなりますので摘芯をします。親蔓や子蔓は多くの花が着いて、収量も上がりますが、孫蔓にはあまり花が着きにくく、風通しを良くするために取り除きます。

●追肥

　秋まきの場合の追肥の時期は、種まき1ヶ月後に最初の追肥を行います。2回目は開花前に行い、3回目以降は2週間ごとに行って、収穫終了までとします。春まきの場合の追肥の時期は、開花後に最初の追肥を行い、2回目の追肥は収穫最盛時期に行い、3回目以降は2週間ごとに行って、収穫終了までとします。

　追肥の量は、3坪当たり、化成肥料（8-8-8）を300gとします。追肥の方法は、最初の追肥を施す場合に、株元の土を軽く耕して肥料を撒き、土と一緒に土寄せをします。以降の追肥は通路に施します。

●かん水

　萎れてきたらかん水を行いますが、雨が降ればかん水は不要となります。それほど水を必要としません。

100

●収穫

　花は、秋播きの場合に種子を播いてから１４０〜１５０日くらいで開花が始まります。花色には白色と紅色の種類があります。

　莢の収穫までの日数は開花後約２０〜２５日です。播種を秋にした場合は、４〜５月が収穫時期になります。莢の中の豆が肥大して、莢が鮮緑色で膨らんだ時期に収穫します。品種によって多少異なりますが、莢の長さが７．５ｃｍ前後で、幅１．５ｃｍくらいのときが収穫の時期です。収穫が早すぎたり遅すぎたりすると、莢のみずみずしさや甘みが損なわれます。　収穫方法は、莢を茎からハサミを使って、莢の付け根の果梗を切り取ります。

●主な病気

　ウドンコ病、立枯病、褐斑病、ウイルス病、

●主な害虫

　ハモグリバエ、ナモグリバエ、アブラムシ類、ヨトウムシ、ウラナミシジミ、

ちょっと知識

花の着生と連作障害

　エンドウ類は低温を感応しないと花の着きが悪くなります。ゆえに、秋に播種して冬の低温にさらすことで、春には多くの花が咲くことになります。エンドウにはハモグリバエが着きますし、ウドンコ病にもかかり易い野菜です。花が咲き始めたら防除をしっかりと行って欲しいです。

　豆類を同一の畑で連作しますと、作るたびに生育が年々悪くなってきます。ついにはほとんど生育しなくなります。この現象をいや地と呼び、３〜５年の間隔で輪作を行う必要があります。特にエンドウは豆類の中で連作障害が最も激しく起こる野菜で、やむを得ず連作を行う場合には、土壌消毒を入念に行う必要があります。

ソラマメの栽培

図39 ソラマメの子実

●地域別の作型について

冷涼地の播種期は３〜４月、中間地、暖地の播種期は１０〜１１月です。

●特性

ソラマメの原産地は中央アジアと言われていますが、まだ分かっていません。

ソラマメは根が浅く張るため、有機質に富んだ土壌で、通気性、排水性、保水性に優れた畑に適しています。酸性土壌に弱いために酸度調整が必要となります。連作障害の発生もひどく、２〜３年は同じ畑での栽培は出来ません。発芽適温は２０℃前後で、生育と結莢の適温は１６〜２０℃で、５℃以下では結実不良となります。２０℃以上の気温になりますと、生育が衰えていきます。幼苗は低温に強いが、若い茎葉は軽い霜でも低温障害を受けやすいです。

●畑の準備

ソラマメは連作障害のある野菜ですから、１度作付しますと、３〜４年間は畑を休める必要があります。植える２週間前までに堆肥を３坪当たり２０kg入れ、苦土石灰も１kg入れてよく土と馴染ませます。ソラマメは収穫期間が長いので、堆肥として豚糞堆きゅう肥を用います。畝を立てる前に元肥として、３坪当たり化成肥料（8-

8-8）を１.３kgくらい入れます。畝幅は６０cm、高さ１５cmの畝を作ります。畝には十分に水を与えてから黒マルチを張ります。

●播種

畑に直播をしますと腐りやすいので、ポットで苗を作ります。１０月頃から播種をします。９cmポットに培土を詰めて、よくかん水を行ってから１ポットに２粒播きをします。種子はへそを下にして播き、種子の一部が見えるか見えないくらいに播きます。

●育苗管理

発芽してきましたら、本葉が２枚程度まで生育したら生育のよい株を残して、悪い株をハサミで間引きをします。育苗での管理として、ポットが乾いていれば軽くかん水をして、萎れないように管理します。

●植え付け

育苗で約２０日経過しますと、本葉が２〜３枚まで生育します。その本葉の２〜３枚の頃が植え付け適期となります。株間は４０〜４５cmとし、植え穴を掘り、苗を植えますが、深植えにならないよう注意します。苗の表面と畝の表面が揃うように植えます。植えたら株元かん水をして根付きを促します。

●植え付け後の管理

植え付けをする時期は気温も低いので、藁などを株の周りに敷いて寒さよけなどの防寒対策をします。若いときは低温性がありますが、霜から守ります。春になり草丈が３０cmくらいになりますと、脇芽は１０本以上出てきます。強い枝を６本残して、それ以外の脇芽を切り捨てます。残った６本を生育させ、倒れないように少し離れた位置に支柱を立てて、その支柱にテープを張り、倒れないようにテープに誘引をします。

草丈が７０cmくらいになれば莢が着き始めます。草丈が１５０cmくらいに生育したら、莢の肥大を促進させるために先端を摘心します。

●追肥

花が咲き終わり、莢が肥大してきましたら、追肥を行います。３坪当たり、化成肥

料（8-8-8）を２５０ｇ与えます。その追肥をした時点で土寄せを行いますと除草と倒伏防止になります。

●莢調整

ソラマメは１つの節に２～３個の花が咲きます。順調に生育すれば、いずれの花も着莢して肥大しますが、大きな充実した莢を収穫するためには、節に着いた莢の中で一番大きい莢を残して、他の莢は摘除します。摘む時期は莢が小指大になった頃です。

●収穫

ソラマメは莢が小さい時には上を向いていますが、肥大が進むにつれて垂れてきます。莢の背筋が黒褐色になり、光沢が出てきたら収穫の時期です。ハサミで収穫をします。開花から収穫までの日数は３５～４０日です。

●主な病気

ウイルス病、赤色斑点病、立枯病、褐斑病、火ぶくれ病、さび病、

●主な害虫

アブラムシ類、ソラマメゾウムシ、ネキリムシ類、

ちょっと知識

血圧の調整

血液中のマグネシウム値が高いと血圧の低下につながる血流改善に関係します。血管の細胞にカルシウムが取り込まれますと、カルシウムは血管を収縮させ、血管が細くなるために、血圧が高まります。マグネシウムを摂取することで、カルシウムとマグネシウムは拮抗作用で、カルシウムの吸収を抑えるために、血圧を低く保ちます。

ソラマメにはマグネシウムを含んでいますので、血圧の調整に効果があります。

さやインゲン〔インゲン豆〕〔マメ科〕

つるありさやインゲンの栽培

難易度
3.5

図40　さやインゲンの着莢

●地域別の作型について

冷涼地の播種期は5月中旬です。

中間地の播種期は5月上旬です。

暖地の播種期は4月中旬です。

●特性

原産地は中央アメリカで、日本には江戸時代に隠元禅師によって伝えられました。豆を食べる以外に若どりをして莢インゲンとして野菜で売られました。インゲンには蔓ありと蔓なしがあります。軽い連作障害があります。生育の適正酸度はpH6.0〜6.5です。発芽適温は20〜23℃で、生育適温は15〜25℃です。

●育苗

気温の低い時期の栽培では、苗を作って植え付けをします。

９cmポットに培土を詰めて、よく水を与えておき、種子を１ポットに２～３粒播きます。種子はへそを下にして播きます。播いたポット上に新聞紙で覆い乾かないようにします。発芽温度は２６～２８℃が適しています。

　発芽して、子葉が展開したら地温を２３℃くらいに下げて徒長を防ぎます。

　初生葉が展開した時点で間引きを行い、１株にします。生育が進むにつれて地温は徐々に下げて、最終的には１８℃まで下げます。日中、光線が強い場合には寒冷紗などで覆い、萎れないようにします。本葉が２～３枚まで育苗を行います。

●畑の準備

　畑は早めに、堆肥を３坪当たり２０kg入れ、有機物（油粕、骨粉など）を入れ、苦土石灰を３坪当たり１kg入れてよく耕耘しておきます。さやインゲンは収穫期間が長いので、堆肥として豚糞堆きゅう肥を用います。次に、元肥として、化成肥料（8-8-8）を３坪当たり２.５kg入れます。肥料を入れたら、よく耕耘して土と肥料をよく馴染ませます。有機物（油粕を３坪当たり３kg）を多く施して、団粒構造を発達させて根を良く張るようにします。

　土壌をよく湿らせてから畝を作ります。そして、マルチを張ります。畝は植え付けする１週間以上前までに完成させておきます。畝の幅は８０cmで、高さが１５cmとします。３坪の畑では５ｍの畝が２本できます。

●苗の植え付け

　植え付けする際の株間は４０～５０cmくらい取ります。植え付けする苗は、植える前に、ポットに水を与えて湿らせてから植えます。植え付けした後に、株元に軽くかん水して根付きを促します。３日くらいして、日中に葉が萎れることがあれば、株元かん水をします。生育して根が張り出し、深いところでは６０cmくらいで、多くの根は地表面から２０cmくらいのところに多く張ります。

●直播

　霜害の心配がない時期になれば、畑に直接播種する栽培が多くなります。

　畝にマルチをして、株間が５０cmくらいで、その植え穴に３粒の種子を播きます。播種は霜に注意します。発芽して、初生葉が展開してきたら、間引きを行い１つの植穴に１株とします。

●仕立て方

　支柱を立てて、ネットを張ります。そのネットに蔓を誘引します。

　子蔓の発生が旺盛になりますと、花数が多くなり、収量も多くなります。子蔓の発生をよくするために、下から（発生した）４本くらいの子蔓を除去します。親蔓がアーチ(支柱)の肩まで伸びてくれば摘みます。子蔓も同様に肩で摘みます。品種によって、子蔓の発生が異なります。子蔓の発生が遅い品種は、親蔓が８０cmになった時点で、摘心して子蔓の発生を促します。

●摘葉

　子蔓の発生がよくなって、葉が茂ってきましたら摘葉をします。親蔓が１mくらい伸びてきた時点から下葉の摘葉を始めます。摘葉の量が少ないとアーチ内（支柱間）の風通しが悪くなり、病気の発生が多くなります。また、過繁茂になり落花が多くなって収量が減少します。展開して５０日以上経った葉は摘むようにします。

　また、病葉は早く摘むようにします。

●追肥

　収穫が始まったら、追肥を開始します。化成肥料（8-8-8）で３坪当たり１５０gを施します。追肥の間隔は１０日間隔で行います。インゲンの根は細くて弱いものですから、大量の追肥は禁物です。肥料が切れてきますと莢の曲がりが多くなってきます。

●かん水

　植え付けして根付くまで株元にかん水して根付きを促します。収穫に入れば乾燥しないよう管理します。乾燥時には通路かん水をお勧めします。

●敷き藁

　夏の高温時には、地表面の温度が高くなり、根が焼けたりするために、梅雨が明ける前に、通路や畝の上に敷き藁などを敷いて夏の地温の上昇を抑えます。インゲンは根が地表面近くに多いので、地温が高くなりますと、根焼けが起こり萎れてしまいます。

●高温時の花落ち

インゲンは日中の温度が３０℃以上になると花落ちがひどくなります。摘葉をして蔓の間の風通しをよくして温度を下げて、通路を乾燥から防ぐことが花落ちを防ぐことになります。

※インゲンは咲いた花が全て収穫出来るのではなく、適温でも着莢歩留まりは３０〜４０％程度です。

●収穫

１６cmくらいで収穫するようお勧めします（品種によって多少莢の長さが異なります）。あまり小さく収穫すると莢が萎れてしまいます。

●主な病気

つる枯病、ウイルス病、かさ枯病、葉焼病、炭疽病、根腐病、さび病、角斑病、菌核病、灰色かび病、褐斑病、ウドンコ病、

●主な害虫

アブラムシ類、ハスモンヨトウ、ハダニ類、ミナミキイロアザミウマ、アズキノメイガ、

ちょっと知識

落花原因、また、適用農薬（殺菌剤）が少ない

落花が発生する主な原因は高温で、莢インゲンの生育適温は１５〜２５℃で、比較的冷涼な気候を好みます。気温が３０℃以上になりますと、花粉の活性が弱まり、正常に受粉ができずに落花が多くなります。梅雨明け後の乾燥も落花を助長させます。

下葉の黄化は、根の傷みと肥料不足です。梅雨時は土壌が過湿になるため根が酸素欠乏の状態になり、根腐れが起こるために草勢が弱り、発生しやすくなります。莢インゲンは湿害に弱いので、水はけが悪い畑では高い畝にしたり、排水溝を設けたりします。また、梅雨明け後の乾燥でも根が傷みますので、マルチや敷わらなどをして、土壌水分を安定させます。

莢インゲンと子実インゲンとは農薬の登録が異なりますので注意をします。農薬散布をする場合には、必ず莢インゲンの適用農薬を使います。殺菌剤は数種類しかありません。

つるなしさやインゲンの栽培

●地域別の作型について

　冷涼地の播種期は５月中旬です。

　中間地の播種期は５月上旬です。

　暖地の播種期は４月中旬です。

●特性

　原産地は中央アメリカで、豆を食べる以外に若どりをして莢インゲンを野菜として栽培しました。インゲンは蔓ありと蔓なしがあります。つるなしインゲンは栽培が簡単で、多くの方に手軽に作られています。収穫期間も短くて１～２か月となります。莢の長さもつるありインゲンより短いです。軽い連作障害

図41　つるなしさやインゲンの着莢

があります。生育の適正酸度はpH６.０～６.５です。発芽適温は２０～２３℃で、生育適温は１５～２５℃です。

●畑の準備

　堆肥は３坪当たり２０kg入れ、苦土石灰も３坪当たり１kg入れてよく土と馴染ませます。畑の土壌のpHは６.５前後に調整します。つるなしインゲンは栽培期間が短いので、堆肥として鶏糞堆きゅう肥を用います。元肥として、３坪当たり化成肥料（８-８-８）を１.２kg入れてよく土と馴染ませます。畝幅を８０cmにします。株間は３０～４０cmで、２条に植えます。

●直播と植え付け

　発芽適温は２５℃で、生育適温は２０℃前後です。１０℃以下や３０℃以上気温では生育に影響が出やすいです。苗を作って早く植え付けをする栽培では、９cmのポットに培土を詰めて、１ポットに２～３粒の種子を播き、２０℃以上の地温を確保できる場所に置いて発芽をさせます。初生葉が展開したら間引きをして１株にします。本葉が２枚程度になれば、畑に植え付けます。一般に、家庭菜園などでは５月の地温が

高くなった時期に、直接、畑に種子を播きます。１植え穴に２～３粒の種子を播き、発芽して初生葉（ハート型の葉）が展開したら間引きをして、１株にします。

●株元かん水

苗を作って栽培をする場合、植え付け後に株元にかん水をして、根付きを促します。かん水は３日間隔で３回程度行います。豆の葉は萎れますと元に戻りにくくなりますので、萎れさせないようにします。

●追肥とかん水

追肥は開花が始まったら、かん水と同時に追肥を行います。追肥の量は３坪当たり化成肥料（８-８-８）の１２０ｇを与えます。インゲンは乾燥害の出やすい野菜なので、乾燥するようであれば、かん水を行って乾きを防ぎます。畝にかん水をしてもよいですが、生育が進んで大きな株になれば畝の肩の部分にかん水をします。

●収穫

播種後、４５日前後で収穫になります。莢が大きくなって、長さが止まってきたら収穫をします。莢がデコボコになりますと収穫遅れで、固くなりますので適期収穫をします。

●主な病気

炭疽病、角斑病、さび病、ウドンコ病、菌核病、灰色カビ病、

●主な害虫

アブラムシ類、アザミウマ類、ヨトウムシ、ハモグリバエ、

とうもろこし（イネ科）
スィートコーンの栽培

難易度
3

図41　着穂の状態

●地域別の作型について

冷涼地の播種期は５月中旬です。

中間地の播種期は４月下旬です。

暖地の播種期は４月上旬です。

●特性

根は深根性で、排水性のよい土壌を好みます。雄花が開葯（かいやく）して、花粉が飛散し始めてから１〜３日後に絹糸が抽出して受粉が行われます。異形質品種の花粉を受けて受精すると品種固有の性質を失い品質の低下が起こります。

種子の発芽の最適２５〜３０℃です。発芽後の生育適温は２０〜３０℃です。夜温はある程度低い方が良く、１５℃前後が望ましいです。３５℃以上の高温、１２℃以下の低温は花粉の受精能力を低下させます。水分要求量が高まる時期は、開花後から１０日間です。

土壌の適応性は広く、土壌のpHは６．０〜６．５が適しています。

111

●畑の準備

　スィートコーンは有機質に富んだ肥沃な畑が適します。排水のよい畑を選ぶ必要があります。種子を播く２～３週間前に、３坪当たり堆肥を２０～３０kg入れ、苦土石灰も１kg入れてよく耕します。スィートコーンは生育後半の方が肥効は強くなりますので、堆肥として牛糞堆きゅう肥を用います。元肥として、３坪当たり化成肥料（8-8-8）を３kg入れてよく土と馴染ませます。

●畝作り

　畝作りは、畝幅を８０cmに作ります。株間を３０cmとして、３坪に約４０株前後の栽植本数とします。３坪の畑では５mの畝が２本できます。スィートコーンは自分の花粉では受精出来ないので、畑に１条植えをしません。必ず２列以上の植え付けをします。

●移植栽培

　最近は早く収穫をしたい方が多くなり、ハウスやトンネルで栽培しています。そのために、植え付けをする苗を作る必要があります。１２８穴のセルトレーに培土を詰めて、よく水を与えて播種します。育苗床に播種したセルトレーを置き、２５℃以上の地温で発芽させ、本葉が２～３枚になれば畑に植え付けをします。

●植え付け（トンネル栽培）

　植え付けをする畝にはグリーンマルチをして地温を上げておきます。植え付け後にかん水をして根付きを促します。植え付け後はトンネル資材などで暖をとります。根付きをして外気温が上がる時期になりましたら換気をします。換気を行う場合には２段階に分けて行います。一度に資材を取り除きますと萎れや葉焼けを起こしやすくなります。

●播種（直播）

　ソメイヨシノ（桜）の開花頃になったら、マルチ栽培の時期になります。１植え穴に２～３粒ずつを２～３cmの深さに播きます。発芽して本葉が３～５葉期になれば、生育のよい株を残して、悪い株を間引きして１株にします。間引きは根を傷めないようハサミなどを用いて行います。

●管理

　生育して、脇芽が発生してきますが、除去せずにそのまま伸ばします。脇芽を残すことで倒伏しにくくなります。また、穂が２～３着きますが、すべて除去せずに残します。一番上の穂だけ残して、あとの穂を除去してもしなくても収穫する穂の大きさは変わらないことが分かりましたので、穂の除去は行いません。出穂期から受粉をした穂は急激に伸長してきますので、多くの水分が必要となります。畝間にかん水したりして乾燥しないように注意します。

　アワノメイガの防除は雄穂が出る前に１回目の農薬散布をし、雄穂が出てきたら２回目の農薬散布を行います。その後に、もうさらにもう一度農薬散布をして防除します。

　発生する側枝は除去せずに生育させますと、側枝が生育することにより光合成を行い、穂の生育がよくなります。

　穂を除去することにより、切り取った傷口から病原菌が侵入することがあります。

●追肥

　追肥は２回施します。１回目の追肥は草丈４０～５０cm（本葉５～６枚時）と２回目の追肥は雄穂が出始める時期に行います。施す追肥の化成肥料（8-8-8）の量は３坪当たり５００～６００ｇを施します。

●収穫

　収穫は絹糸抽出後、２２～２５日目が収穫適期となります。穂の先端の皮を少しむいて粒が黄色く色づいていたら収穫適期です。気温の低い早朝に収穫し、甘さを維持するために低温で貯蔵します。

　手で穂先を触り、ふくらんでいる様に感じて、収穫される方もいますが、穂の先端をむいて、穂の粒の色を確認してから収穫します。

●主な病気

　ウイルス病、倒伏細菌病、黒穂病、ごま葉枯病、すす紋病、　倒伏細菌病、根腐病、黒穂病などがあり、この病気には登録農薬がありませんので、病気の発生させない環境を選ぶ必要があります。

　黒穂病には、窒素肥料を多用した場合に発生が多くなります。

113

●主な害虫

　害虫には、アブラムシ類、アワノメイガ、アワヨトウが代表的なものです。アワノメイガの防除が一番重要な害虫で、防除時期に的確な処置が必要です。雑草や収穫が終わって茎などの残渣に越冬しているので、播種するまでに片付けておくことが大切です。農薬の予防散布時期ですが、幼虫で越冬したものが、葉から雄穂（雄しべ）に移動してくる時期に、葉にいた幼虫が雌花に侵入して、内部の髄部分を食害するので、雄穂（雄しべ）が出る前に、葉の裏に幼虫が生息していますので、まず、葉の裏側を重点的に農薬散布します。次に、雄穂（雄しべ）が抽出し始めてきたら２回目の農薬散布を行います。

　雄穂（雄しべ）が大きくなり、花粉が十分に出て交配の終了が確認できたら、アワノメイガが生息している雄穂（雄しべ）を除去することも防除にもなります。

ちょっと知識

先端不稔

　スィートコーンの実がきれいにつかないことが家庭菜園などで少ない株を栽培しますと、受粉がうまくいきません。スィートコーンは 風が花粉を媒介する「風媒花」のために家庭菜園で不稔現象が起こりやすいです。不稔の原因には、花芽分化期に低温に遭遇、また受粉時期の高温や水分不足も穂の先端部の不稔に繋がります。スィートコーンは自分の花粉では受精しなくて、他のスィートコーンの花粉が必要となります。ある程度まとまった数を植え付ける必要があります。スィートコーンの１条植えは不稔が出やすいので、２条以上に植えます。ハウス促成でスィートコーンを作る場合には、出穂したら、ハウス内は風が流れにくいので、株を揺すって受粉を助けます。

胡麻（ゴマ科）

胡麻の栽培

図43　ゴマの開花

●地域別の作型について

　胡麻は発芽適温が２５℃前後と高いので、冷涼地、中間地、暖地とも５月下旬〜６月中旬の播種期になります。

●特性

　胡麻の原産地は東インドからエジプトにかけて広がる地域です。現在は世界中に栽培されています。多湿地や強い酸性土壌以外で、栽培が可能です。乾燥に強い野菜で、乾燥農業に適していると注目されています。胡麻の種類は、白胡麻、黒胡麻、黄胡麻、金胡麻の４つに分けられます。

　連作は避けます。根が深く張り、茎は細いですが倒伏には強いです。草丈は１００〜１５０cmで、多くの節があります。その節に花が着きます。花は自家受粉をして種子がとれます。生育期間は４〜５ヶ月と比較的短く、収量は３坪当たり１〜１．５kg程度あります。草姿は主茎型と分枝型があります。

●畑の準備

　畑は排水のよいところを選びます。播種１ヶ月前に堆肥を３坪当たりに２０kg入

115

れ、酸性の強い畑には苦土石灰でpH6前後に調整します。胡麻は早くから開花してきますので、堆肥として豚糞堆きゅう肥を用います。播種10日前くらいに元肥を3坪当たり、化成肥料（8-8-8）を1kg入れて土と馴染ませます。畝幅が60cmの畝を作ります。

●播種

　発芽をさせるためには、地温が20℃以上必要となります。地温が確保できる時期に播種します。関東の場合は5月下旬となります。10℃でも発芽はしますが時間がかかり、株が黄化して貧弱となります。生育適期の平均気温が16℃以上です。畝に種子を指でつまみ条播きします。覆土は浅くて5mm程度にします。

●発芽後の管理

　発芽後、2回に分けて間引きをします。1回目の間引きは草丈が7〜10cmのときに行い、株間を10cm程度にします。2回目の間引きは、1回目の間引きから2週間後に行い、株間を20cmと広くします。間引き後には土寄せを行います。生育が悪い場合には、2回目の間引き後に追肥をします。

　追肥の量は3坪当たり化成肥料（8-8-8）を150g施します。

●収穫

　胡麻の花は下位節から順番に開花をして行きます。下部の莢が2〜3個の裂開を始めたら、すぐに刈り取ります。収穫は早朝に行います。朝方の方には裂開が少ないためです。収穫したら5〜15株を束ねて、1週間くらい乾燥させます。吊るした下にシートを敷きますと、落ちた胡麻を集めることができます。シートの上に束ねた乾燥したものを積み、足で踏むか、棒で叩いて脱粒させます。集めてさらに乾燥させ、唐箕で調整を行い、胡麻の完成となります。

●主な病気

　萎凋病、斑点細菌病、

●主な害虫

　モモアカアブラムシ、マメコガネ、チャノホコリダニ、イチジクキンウワバ、オオタバコガ、シモフリスズメ、

◎根菜類

　根菜類は地下部に可食部が出来る野菜です。ネギを根菜類に入れたのは、根深ネギと関東地区では昔から呼ばれていたので、根菜類に入れました。

ニンジンの畑（福島県）
郡山市のニンジンの畑で、スーパーなどに直接販売されています。ニンジンは需要があり、栽培は盛んになっています。

ダイコン（アブラナ科）

ダイコンの栽培

難易度
2.5

図44 ダイコンの畑

●地域別の作型について

　ダイコンの品種は作型分化が進んでいて、品種を選ぶことにより周年で栽培ができます。冷涼地の播種期は晩秋から早春には播種が出来ません。中間地の播種期は、6、7月の時期では播種が出来ません。暖地の播種期は中間地と同様です。

●特性

　原産地は地中海ですが、中国から日本に渡った野菜で、古くから日本で栽培されています。在来種も多く存在しています。ダイコンにも連作障害があります。作った畑を2〜3年空けて欲しいです。適正酸度はpH 5.5〜6.5です。ダイコンは冷涼な気候を好みますので、秋ダイコンが上手に作れるのです。

●畑の準備

　ダイコンは昔から、「大根十耕」と言われているように、土中で太らせるダイコン

の栽培では、土を深く丹念に耕すことが、良いダイコンを作る秘訣と言われています。

　ダイコンは根が深く伸びる野菜なので、耕土を深くして、保水性、排水性に富んだ土を作ることが大切です。

　土壌中に石や植物の残渣などがありますと、根がそれに触れて、根が分かれて岐根（又根）になりますし、未熟堆肥などの塊でも起こります。根が伸びる時に当たる障害物は取り除く必要があります。

　畑には、堆肥を３坪当たり２０kg入れ、苦土石灰も１kg入れてよく土と馴染ませておきます。ダイコンは比較的早くから肥効が高まりますので、堆肥として豚糞堆きゅう肥を用います。その後、元肥として、化成肥料（8-8-8）を３坪当たりに２kg入れ、追肥として１.２kgを施します。全施肥量としては３坪当たりの化成肥料（8-8-8）の量が３.２kgとなります。ダイコンはホウ素欠乏が起こしやすい野菜ですので、土壌検査で調べる必要があります。

●播種と間引き

　株間を３０cmとして、畝を高くして過湿にならないよう作ります。３坪の畑では畝幅が６０cmで５mの畝を作ります。種子は直播が基本で、１か所に４〜５粒を播きます。３坪の畑で５０本のダイコンが収穫できます。

　発芽して、本葉が２枚くらいになれば１回目の間引きをします。葉形の良いものを残して３株にします。子葉の開いている方向に注意して、畝と平行になっているのが良く、これは、側根の発生する方向と子葉の開いている方法が同じであるため、畝の中に根が伸びる方向が畝と平行に沿って伸びます。つまり、通路に根が出にくくなります。本葉が５〜６枚になれば２回目の間引きをします。良い株を選び１株にします。

　間引きはハサミで行います。

●追肥と中耕

　２回目の間引きの際、生長が悪ければ、畝の肩に追肥を施します。追肥をしたら中耕をして土寄せをします。その後も除草を兼ねて、２〜３回中耕と土寄せをします。中耕をすることにより、土中の空気や水の通りが良くなり、根の発達が良くなり、また、土寄せをすることにより、曲がりを防ぐ効果もあります。

●収穫

　収穫時期が近くなりますと、葉が立ち上がってきます。立ち上がった葉の先端が垂

れてきたら収穫適期のサインです。収穫の適期を過ぎてしまいますと、ダイコンの内部にスが入ったり、割れたりします。

適期が分かりにくい場合には、2～3本抜いてみて、様子を見ることも大事です。

冬の間も畑に長く置きたい場合には、ダイコンの首部まで土寄せをしておきますと、土中の適度な湿度と温度が保たれ、春まで保存することができます。

根
菜
類

●生理障害

曲がり

地上部の生育が旺盛となり、その重さでダイコンが傾き、曲がってしまいます。肥料の与えすぎが大きな要素となります。

す入り

生育後半に根部への同化産物の供給が追い付かず、細胞や組織が老化して間隙が出来てしまう現象で、生育の後半での気温が高いときや収穫遅れなどがあります。

裂根

肩の部分の裂根は、乾燥が続いた後に降雨で多湿になった場合に発生します。また、縦に長く裂根が出来た場合は、多湿気味の畑が急に乾燥した場合に発生します。どちらも水に関係しています。

株間を広く取り過ぎますと発生が多くなりますので、株間を守って播種します。

網いり

ダイコンの表皮の内側にある導管が網の目状に走っている部分が固い繊維状になったものを言います。播種後30日以内の肥大期に、高温と乾燥が続いた時に発生します。初期の乾燥に注意します。

空洞症

直根の下部の中心に白または褐色の空隙ができる症状です。温度や土壌水分などの環境条件を極端に変化した場合に発生しますので、高温時には注意します。

横縞症

生育初期の土壌乾燥で発症します。皮目に沿ってへこみ、褐色のスジになります。

播種後２５日までの乾燥が激しいほど被害が大きくなります。

●主な病気

ウイルス病、黒腐病、黒斑細菌病、軟腐病、炭疽病、黒斑病、白さび病、
菌核病、べと病、萎黄病、バーティシリウム黒点病、根くびれ病、腐敗病、

●主な害虫

ヨトウムシ類、モンシロチョウ、アブラムシ類、キスジノミハムシ、
ハイマダラノメイガ、ネキリムシ類、コナガ、カブラハバチ、
ダイコンハムシ、ハクサイダニ、

ちょっと知識

ス入り

　ダイコンは収穫が遅れますと、スが入ってきます。葉で作られた養分は根に移行して貯蔵されますが、老化などによってその能力が落ちますとスが入ってしまいます。熟し過ぎますとスが入ることになります。また、ダイコンを大きくしようと収穫を遅らせますと、スが入ってしまいます。スの入ったダイコンは味も食感も落ちます。栽培中に養分や水分が不足してもスが入りますので、肥料切れや水分不足にならないように管理します。生育の後期に気温が高かった場合や株間が広い場合、窒素・カリ肥料が多いと根部の肥大も早まり、ス入りになりやすいです。軽い土で栽培でも、根部の生育が早まって、ス入りが早まります。根にスが入っている場合は、古い葉柄にもスが入っているので、外側の古い葉の葉柄を切ってみて、中央が透いたようであれば、根にスが入っています。

カブ（アブラナ科）
カブの栽培

難易度
2.5

図45 カブの畑

●地域別の作型について

　地域別の播種期は、冷涼地の低温期での露地栽培を除けば可能で、中間地、暖地では、品種を選ぶことで周年栽培が可能です。ただし、抽苔の時期を外して欲しいです。

●特性

　原産地は地中海沿岸で、日本中に多くの在来種が存在しています。比較的冷涼な気候を好み、周年で栽培されています。カブは出荷形態が小カブ、中カブ、大カブの3種類に分けられています。連作障害がありますので、毎年、同じ畑での栽培は2年くらい空けて欲しいです。

　発芽適温は20～25℃で、生育適温は15～20℃です。

●畑の準備

　土壌の酸度はpH6.0～6.5の範囲に調整します。堆肥は3坪当たり20kg入れ、苦土石灰は1kgくらい入れてよく土と馴染ませておきます。カブは栽培期間が比較的短いので、堆肥として鶏糞堆きゅう肥を用います。1週間経過したら、元肥を3坪当たり化成肥料（8-8-8）を1.5kg入れてよく土と馴染ませます。初夏などの気温が高い時期には、元肥は基準より2割程度減らします。

　肥料を多く使った野菜の畑には残肥が多くあるので、元肥を少なくします。肥料が多くありますと、カブの肥大が良すぎて裂根の発生が多くなります。

122

　水はけの悪い畑で、カブを栽培しますと、カブの肌に茶色い傷が出来ることがあります。生理障害の亀裂褐変症です。

●畝作り

　畝幅は１２０〜１３０cmとし、畝の高さは１０〜１５cmにします。湿りやすい畑の畝はそれより高く作ります。３坪の畑では、５mの畝が１本しか出来ませんので、畝幅を１５０cmとすれば、多くのカブが栽培出来ます。条間を１５cmとしますと、８条植えとなり、中カブを収穫する場合であれば、株間を２０cmにしますので、１条に２５株入り、８条ですから２００株となります。

　畝が完成したら、畝の面はできるだけ平らにし、平らにすることで発芽が均一になります。

●播種

　播種する畝には、穴あきマルチを使う場合には、点播きとなります。マルチ無しでは、条播きをします。

　条間は１５cmで、小カブの場合には１２〜１５cmの株間とし、中カブの場合には２０〜２５cmの株間とします。夏場は気温が高くなり徒長や病気の発生が多くなりますので、広めの株間にします。

　種子を播く深さは０.５〜１.０cmにします。多湿時には浅く、乾燥時には深く播きます。播種した後には、必ず鎮圧をします。鎮圧することによりよく発芽をします。

●被覆

　播種後、夏場は地温を下げる目的と虫の害を防ぐために寒冷紗でトンネル被覆をします。冬場は保温の目的にポリやビニールなどでトンネル被覆をします。

●間引き

　間引きは２回に分けて行います。最初は本葉が１〜２枚展開したら行います。条播きの場合には、株間が３〜５cmになる程度で間引きを行います。生育の悪い株を選んで抜き取ります。２回目の間引きは本葉が３〜５枚になった時点で、株間を１０〜１２cmになるように間引きをします。２回目の間引きを終えたら軽く株元に土寄せをします。点播きの場合は株間が決まっていますので、生育に応じて間引きをします。

●かん水

かん水は生育の度合いで乾燥の程度を見ながら、かん水をします。本葉が8枚以上になってからは、急激な肥大時期に入るので、かん水の量が多すぎると裂根を生じますので、注意が必要となります。生育初期から適度なかん水をしていればよいのですが、生育後半に乾燥したからといって、急にかん水を行うと割れを生じます。土壌の水分量が大きく変化させないようなかん水をお願いします。

●追肥

追肥の時期は、2回目の間引きが終わった時点で行います。3坪当たりに化成肥料（8-8-8）を250g程度、条間に軽く施します。

●収穫

カブは鮮度を保持することが大切で、特に、夏場では収穫するとすぐに萎れてしまいます。冬季以外はなるべく早朝に収穫するようにします。冬季の場合に葉柄が凍結することがあります。凍結した時には温度が上がって凍結が解けてから収穫をします。収穫物が乾燥すると汚れが落ちにくくなりますので、乾かないようにこもなどで覆って乾燥を防ぎます。

収穫の適期が過ぎてしまいますと、裂根やス入りが起こります。生育後半は急激な肥大をしますので、裂根の発生が多くなります。

●主な病気

ウイルス病、黒腐れ病、黒斑細菌病、白さび病、萎黄病、根こぶ病、炭疽病、

●主な害虫

アブラムシ類、ヨトウムシ類、モンシロチョウ、コナガ、キスジノミハムシ、

ニンジン（セリ科）

ニンジンの栽培

難易度
3

図46　ニンジンの生育状況

●地域別の作型について

　地域別の播種期は、冷涼地の播種は７月と３月の２回に行います。中間地、暖地は
７～８月と１２～３月の２回に行います。春まきには晩抽性の高い品種を選びます。

●特性

　原産地は中央アジアで、比較的に水分を嫌います。夏播きで低温に会いますと初夏
にとう立ちが起こります。連作障害は発生しにくく、生育の適正酸度は pH ５.５～
６.５です。種子の吸水性が悪く発芽まで時間がかかります。好光性種子ですから深
く播きますと発芽しにくくなります。

●畑の準備

　生育初期に根が伸びていく先に障害物（石、肥料、堆肥の塊など）がありますと、二
又のニンジンになります。障害物を取り除き、肥料は播種の２週間以上前に施肥しま
す。ニンジンは肥大がよいので、多肥栽培をしますと裂根になりますので、減肥栽培
をします。播種２～３週間前に堆肥を３坪当たり２０kg 入れ、苦土石灰を１kg 入れ
てよく土と馴染ませます。ニンジンの栽培は後半に急激な生育をしますので、堆肥と
して牛糞堆きゅう肥を用います。その後、元肥として、３坪当たり化成肥料（8-8-8）

を１kg入れます。肥料の種類として、また、有機配合肥料のような緩効性のものを使うのもよいです。

●播種

肥料や堆肥などを入れてすぐに播種することは避けます。又根の発生原因となります。条間を２０cmとして、株間は６〜８cmで播種します。発芽が難しいと言われる方が多いのですが、播く前に十分な水分を畝に与えます。播種した後は乾かさないように注意します。ニンジンは吸水が遅い種子ですから、発芽まで７〜１０日かかりますので、その間の乾燥はさせないよう被覆資材などの利用を考えるべきです。雨が降った次の日には播種をお勧めします。

畑が乾きやすい場合には遮光ネットを張って、遮光して乾燥を抑えますと発芽がよくなります。

●間引き

発芽後に生育して、本葉が２〜３枚になれば、１回目の間引きをし、本葉は５枚前後まで生育したら、２回目の間引きをして１株にします。その時に株元に土がかかるように中耕をします。

●収穫

播種して、３〜４か月経過しますと収穫となります。まず、最初に株元の土を少し掘って、根の肥大を確認してから収穫作業に入ります。

側根がきれいに並んでいれば、順調な生育ですが、ゆがんで側根が生えているのは生育環境が悪いです。ダイコンも同じです。

年を越して収穫をする場合には、２〜３月までに収穫を終えます。

●主な病気

黄化病、ウイルス病、萎黄病、根頭がんしゅ病、ウドンコ病、黒葉枯病、黒斑病、菌核病、乾腐病、紫紋羽病、白絹病、しみ腐病、根腐病、

●主な害虫

キアゲハ、キクキンウワバ、アブラムシ類、センチュウ類、

ゴボウ（キク科）

ゴボウの栽培

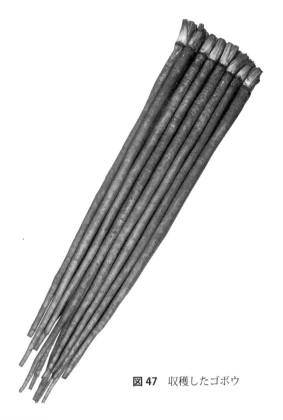

図47　収穫したゴボウ

●地域別の作型について

　地域別の播種期は、冷涼地では４月で、中間地、暖地では１２～３月と９月の２回に播種できます。

●特性

　ゴボウとは、２年生の野菜で、野菜としては根の肥大がよいので１年生の野菜と言えます。播種後１０～１５日で発芽し、初期生育がゆっくりとしていますが、播種後７０日くらいから生育が旺盛になり、１００日前後で最大の生育に達し、１３０日前後で収穫期になります。播種後７０日前後で根長が約１ｍに達し、播種後１１０日ころから根部肥大期に入ります。地上部の生育は、播種後６０～１１０日の間が急激に繁茂する時期です。葉は７葉期を過ぎると、葉が畑全面を覆うようになります。葉は８月のお盆頃までは、丸い形をしていますが、その後、小さくなり直立した秋の葉に変わっていきます。

127

発芽最低温度は１０℃で、最適温度は２０〜２５℃です。１５℃以下や３０℃以上では発芽率が低下します。生育適温は２０〜２５℃と比較的高温性です。地上部の枯死温度は３℃くらいの軽い霜には耐えますが、発芽直後の霜には弱く、晩霜によって被害を受けることもあります。根部の耐寒性は、幼苗期には弱いですが、その後は極めて強く、マイナス２０℃くらいの低温にも耐え、寒地でも越冬ができます。

乾燥には強く、土壌水分が２０％くらいまでの乾燥には耐えられますが、畑が２日間以上の冠水では、根が腐敗してしまいます。長根野菜なので、排水が良好で、通気性がよく、肥沃な土壌で作ることが好ましいです。品質において、砂質土壌で作ると形状がよく、粘土土壌では肉質がよくなります。

●畑の準備

畑の準備として、１ｍ近くまで土質が均一にし、雨水がたまらないように、排水を考えて畑の作業をします。土壌の酸度はpH６.５前後に調整します。

完熟堆肥、有機物、苦土石灰などの土壌改良材を入れてよく耕して畑全体に混ぜます。連作障害の発生が強く、連作するとセンチュウの被害が増加し、また、ヤケ症の発生にもなるので、５年程度の休作が必要となります。イネ科作物を前年に作付けすることにより、ヤケ症の発生が少なくなります。

施肥には注意して、ゴボウは高濃度の窒素成分には弱く、窒素肥料が多すぎると、生育は抑制され、根が直接肥料に触れると岐根になります。良質、多収を目指す場合には、秋以降の生育を促すような窒素肥料の施肥が重要となります。

生育前半に速効性の窒素とリン酸を効かせて初期生育をよくし、生育後半は、５０cm以下の下層の活力旺盛な吸収根に緩効性肥料を効かせて、根の下部の肥大充実をはかる必要があります。

畑に堆肥を３坪当たりに２０kg入れ、苦土石灰を３坪当たり１〜１.５kg入れます。ゴボウは栽培期間が長く、後半の生育が旺盛になりますので、堆肥として牛糞堆きゅう肥を用います。総施肥量として、３坪当たり化成肥料（８-８-８）を２.３kg前後とし、施肥する場合は元肥として、化成肥料（８-８-８）の３分の２を入れて、その後の追肥として化成肥料（８-８-８）の残りの３分の１を施します。追肥は２回に分けて施します。追肥の時期として、１回目が本葉３〜４葉期、２回目が８〜９葉期に行います。

●播種

播種時期は気温が１０℃以上を目安に行います。低温期の栽培では、被覆資材でベ

タかけをして保温対策をします。土壌に水分のあるうちに播種します。覆土は２～３cm程度に薄くし、播種後に鎮圧をします。好光発芽性があり、播種後１０～１５日で発芽します。

　使う種子量は３坪あたり１０～１５ｇ程度が必要です。

　播種は条播きで行います。出来れば２cm間隔の点播きを勧めます。

　栽植密度は、畝幅７０cm、株間６～１０cm程度で、株間は早く収穫をする場合は広くし、遅く収穫をする場合は狭くします。肥沃な土壌では、株間をやや狭くします。

●管理作業

　間引きは、点播きで、本葉が１枚のころによい株を２株残して間引きをして、株間が３～４cm間隔にします。さらに、本葉３～４枚のころに株間を５～６cm間隔に１本立ちにします。さらに、本葉が５～６枚になった時点で８～１０cmの間隔に間引きを行い、葉が横に倒れている株は根も曲がっていることが多いので間引きをします。

　中耕は本葉２枚の時と、４枚の時との２回に行います。土寄せを多く行うと首部が肥大し過ぎて品質の低下を招きます。

●追肥

　追肥は２回目の間引き後に行います。通路などに肥料を撒いて、土とよく混ぜてから土寄せをします。その後、生育が遅れている場合に、同様な方法で追肥をします。

●除草

　ゴボウは発芽まで時間がかかるので、初期の除草が重要となります。ゴボウの芽が雑草に負けないように除草をします。雑草に覆われますと生育が悪くなりますし、病害虫の発生も多くなります。

●かん水

　基本的にはかん水は不要ですが、初期の発芽の頃に畑が乾燥している場合には、かん水をします。

●収穫

　播種して１３０日くらいしたら、試し堀りをして、出来具合を見ます。収穫が遅れ

ると、スが入り易くなるので注意が必要となります。

　収穫作業は、葉を切断して、数日後に葉が枯れてから掘り出します。 収穫したら、乾燥させないよう注意します。

●主な病気

　ウドンコ病、黒斑病、萎凋病、根腐れ病、黒斑細菌病、ウイルス病、

●主な害虫

　ネグサレセンチュウ、ネキリムシ類、アブラムシ類、ゾウムシ類、
　フキノメイガ、ハスモンヨトウ、

ちょっと知識

食物繊維

　ゴボウには食物繊維が多く含まれていて、食物繊維には、不溶性食物繊維と水溶性食物繊維があります。ゴボウには不溶性食物繊維（セルロース、リグニン）、水溶性食物繊維（イヌリン）の両方とも含まれています。食物繊維の作用に便秘改善の働きがあります。また、不溶性食物繊維には、悪玉菌の発生を抑えて、善玉菌を増やす働きがあり、腸内環境を良くします。便秘改善には不溶性、水溶性のどちらのも食物繊維が必要です。また、ゴボウには、カリウム、マグネシウムも含まれていますので、血糖値の急上昇の抑制や免疫力のアップなどの健康維持にもお勧めです。

ネギ（ユリ科）
ネギの栽培

難易度
3.5

図48　ネギの畑

●地域別の作型について

　冷涼地の播種期は２〜３月で、中間地、暖地の播種期は１２〜７月です。

●特性

　ネギは比較的涼しい気候に適する野菜です。生育適温は２０℃くらいです。また、根の酸素要求量の高い野菜であるため、排水のよい畑が適します。湿害には弱く、土壌病害の発生が多い野菜です。

　丁度、夏の気候が高温多湿であるから、この時期をうまく乗り超えるかが、よいネギの収量につながります。連作障害の出にくい野菜の１つですから毎年同じ畑で栽培することができます。土壌病害には注意が必要となります。

●育苗

　ネギは肥料を多く必要とする野菜の１つです。育苗床にも多くの肥料を施す必要があります。３坪の畑でネギを作る場合には、１㎡の育苗床が必要となります。その育苗床に、化成肥料（8-8-8）を２００ｇ入れます。

　播種において、適温であれば発芽もよく揃いますが、低温期に播種する場合には、

トンネルや被覆資材のべたがけなどを行って発芽を揃えます。高温期の場合には、播種後、黒寒冷紗などで地温の上昇を抑えて発芽をさせ、発芽後は資材を除去して光を当てます。

　害虫を予防するために、寒冷紗などでトンネルをします。苗が大きくなってトンネルの上部に触れるくらいまで伸びてきましたら、寒冷紗を除去し、粒状の殺虫剤を施して防除に努めます。

　育苗期間は８０日前後で、太さが７〜８mmまで育てます。

●畑の準備

　ネギは後半まで肥料吸収するタイプで、キュウリ、ナスなどと同じ施肥のグループになります。肥料を多く必要とする野菜です。適正酸度はpH６.０〜６.５です。堆肥を植え付け１か月前に３坪当たり２０〜３０kg入れ、苦土石灰も１kg入れてよく土と馴染ませます。ネギは全般を通して肥効がよいので、堆肥として豚糞堆きゅう肥を用います。元肥として、３坪当たり、化成肥料（８−８−８）を３.５kg入れます。ネギには連作障害はありませんが、連作をしますと、黒腐れ菌核病の発生が多くなります。

●植え付け

　畑に１５cmくらいの深さで幅が２０cmの溝を掘り、株が倒れないように苗を並べて、軽く根元に土をかけます。苗を並べる場合に、東西の溝では北側に寄せて並べ、南北の溝では西側に寄せて並べます。畝間は９０cmとしますので、３坪の畑では５mの長さで２条しか作れません。

　ネギの太さが１cmくらいになったら、１回目の土入れを行います。太さが１cmに達していない細いネギに土入れをしますと生育が著しく遅れますので注意をします。土入れは植え付け後３０日前後が目安です。

　１回目の土入れから１５〜２０日経過して、ネギの太さが１.５cmくらいになれば、２回目の土入れを行い、畑の面と同じくらいの平らにします。

●植え付け後の管理

　ネギは高い温度が苦手であるため、夏場の植え付け作業は控えます。高温時の追肥や土寄せは避けるようにします。雨の多い時期のことを考えて、畑の周辺や畝間に溝を切って、排水をよくします。

※土寄せのポイント

　土寄せをすることにより、葉鞘部の軟白部分を多くします。土寄せの際に除草、中耕、倒伏防止、排水などいろいろな作業があります。中耕により根から酸素がよく吸収できて生育がよくなります。しかし、土寄せ作業は断根につながります。環境の悪い夏場には行いません。

　土寄せは数回に分けて行います。最初の土寄せは軽く２cm程度にします。まだネギが細いために、多くの土寄せをしますと肥大が悪くなります。

　土寄せをする際に追肥も同時に行います。追肥は畝間に肥料を撒き、土と肥料を混ぜたもので土寄せをします。追肥として、化成肥料（8-8-8）を３坪当たり４００g施します。

　１回目の土寄せは倒伏防止を目的としていますので、株元に軽く土を寄せる程度とします。

　２、３回目の土寄せは、１回目から３週間くらい経過したら行います。首元の下くらいまで土寄せを行いますが、ネギの襟の下から３〜５cmは土寄せをせずに開けておきます。これをM字型土寄せと呼びます。

　最終土寄せは首元までしっかりと土寄せをします。このときの土寄せでは追肥を必要としません。最後の土寄せを止め土と呼びます。止め土は収穫する日を決めて行います。１１月収穫の場合は、止め土からの日数は３０日となります。このように収穫日から逆算して行います。

●収穫

　収穫をする日を決めて、さかのぼって止め土の日を決めます。

●主な病気

　萎縮病、萎黄病、軟腐病、さび病、べと病、黒斑病、黄斑病、黒渋病、黒穂病、小菌核腐敗病、白色疫病、萎凋病、紅色根腐病、苗立枯病、白絹病、黒腐菌核病、

●主な害虫

　ネギアザミウマ、ネギハモグリバエ、ネギコガ、ヨトウムシ類、ネギアブラムシ、ネキリムシ類、ネダニ類、

タマネギ（ユリ科）

タマネギの栽培

難易度
3.5

図49 収穫適期

●地域別の作型について

　冷涼地の播種期は、8月下旬で、中間地、暖地の播種期は9月中旬となります。

●特性

　原産地は中央アジアで、早生タイプと晩生タイプがあります。連作障害は比較的出にくい野菜ですが、3年間続けて同じ畑で栽培をしたら、畑を変えた方がよいです。適正酸度のpH 5.5～6.5です。水分を含んだ粘土質土壌を好みます。

●育苗床

　苗床は排水性がよく、保水性にも優れた畑を選びます。幼苗時は乾燥に弱いので、かん水が出来る畑が望ましいです。また、野菜の作付け後に、センチュウなどの土壌病害の発生した畑は避けます。その畑を使う場合には、夏期に畑全体をビニールで覆った太陽熱消毒を行うか、土壌消毒剤の農薬を用いて行います。

　3坪の畑の播種床は1㎡必要で、施す肥料は1㎡当たり化成肥料（8-8-8）で

２００ｇを目安に施します。こまめな管理を考えている場合には、育苗床に施す肥料を少なめにして、ときどき生育を見ながら追肥を与えていきます。

　播種床の畝は１０～１５ｃｍと高めにします。播種する場合に、バラ播きをしますと除草の管理がしにくくなりますので、条播きをお勧めします。播種するときの条間は１０～１２ｃｍとし、播種密度は条の長さが１ｍに９０～１００粒が標準です。１㎡の苗床であれば、８条できますので、１条に９０粒の種子を播きますと、７２０粒の種子が必要となります。

●育苗管理

　播種後には育苗床に十分なかん水をします。発芽を揃えることが植え付け後の生育が均一になります。播種した後の覆土が深いと発芽が揃わず、欠株にも繋がります。特に暑い時期は注意します。また、覆土が浅いと転び苗の発生や乾燥害を受けやすくなります。播種する場合の種子の深さは、一般的に、種子径の３倍と言われています。タマネギの場合は６～９ｍｍの深さになります。

　９月の播種では、気温も高くて乾燥しやすくなります。乾燥防止と気温上昇、さらに発芽を揃えるために、寒冷紗などでトンネル被覆をします。残暑が予想されるときには、さらに黒寒冷紗やギンギラシートなどの遮光資材を用いて温度をコントロールします。そのときに、風通しを良くして地温を下げることを忘れないようにします。

　タマネギの発芽適温は２０～２５℃です。地温の上昇のことを考えて遮光率の高い資材を使ってしまうと、根が上に伸びてしまう場合もありますので注意が必要です。

　資材をベタかけにしますと、被覆した資材が熱を帯びて地表面の温度を上げてしまうことになり、播種床と資材の間に空間を作るようにします。

　発芽をするまで約７～１０日かかります。その間は乾燥させないよう管理することが必要です。土壌が固まりやすい土質では、発芽がバラつくこともあります。発芽までの播種床の表面はある程度湿った状態を保つようにします。

　発芽して、揃ってきましたら、速やかに遮光資材を外します。遮光資材を外すときには、日中は避けて夕方か曇天に行います。

　発芽して２週間程度経過したら、除草を兼ねて中耕を行います。硬くなった床の表面を崩すことで、播種床に空気を供給させ、水の浸透をよくし、苗の生育をよくします。そのときに生育が劣っていれば、軽く追肥をします。

●植え付け準備

　畑は排水が良く、保水性に優れたところを選びます。また、収穫物が重いので自宅まで運搬がしやすい畑を選ぶことも重要です。

　畑には、堆肥を３坪当たり３０kg入れ、苦土石灰を１.２kg入れてよく土と馴染ませます。晩生種は後半に肥効が高まりますので、堆肥として牛糞堆きゅう肥を用います。元肥として、化成肥料（8-8-8）を３坪当たり２.５kg施します。

●畝作り

　畝幅が１２０cmで、高さ１０cmの畝を作り、黒マルチを張ります（早生種の場合は透明マルチを用います）。黒マルチを使うことで大玉のタマネギが収穫できます。中生種や晩生種は、球肥大期の時期になると気温が上がり、畝の地温が上がりすぎるので、黒マルチを使って地温を下げ、根張りをよくして球肥大をよくします。３坪の畑では５mの１畝しか作れません。

●植え付け

　苗は播種後５０〜５５日が適期となります。理想な苗は、苗重が４〜６ｇ、本葉の枚数は３枚で、太さは４〜５mm、苗長が２５〜３０cmです。

　適期になった苗は絶対に植え付け時期を逃さないよう注意します。植え付け時期が遅れますと根付きが遅れ、越冬に影響を与えます。

　植える際に、大苗や極端に小さい苗は植えないようにします。大苗を植えてしまうと、分球になりやすく、小さい苗では越冬できずに枯れてしまいます。

　植え付け後の苗は病害虫に弱いので、植え付け前に予防する目的で、農薬の散布を必ず行います。

　植え付けするときの植え付けの深さに注意して植えます。深く植えますと長球の発生が多くなり、浅植えでは根付きの不良の原因ともなり、枯れる欠株の発生も多くなります。枯れる欠株の発生も多くなります。植える深さに注意します。

●管理

　植え付けして、生育が進みますと、雑草が生えてきます。雑草は減収に繋がりますので、除草が必要になります。また、雑草が生えているとアザミウマ類などの害虫の越冬場所にもなります。２月後半ともなれば乾燥してきますので、乾けばかん水をします。特に、球肥大開始期（収穫１か月前）の乾燥は収量に大きな影響を与えます。ま

た、葉数の確保のためにもかん水が必要となります。

　タマネギの球になる部分は、葉の付け根部分の葉鞘部が肥大したもので、この葉数が少ないと小球となります。収穫までの葉数は１０枚程度となります。

　茎葉病害発生も球肥大に影響を与えますので、病害虫の予防も定期的に行います。

●追肥

　マルチをしていない場合は、追肥を行ないます。追肥は２～３月に２回行ない、追肥の量は３坪当たり化成肥料（8-8-8）を３００g施します。

　気温が高くなった時期は行ないません。

●収穫

　収穫は地上部が倒伏して、１週間経過したら適期となります。葉に蓄えられた養分を球に十分送られたら収穫します。

　早生品種では、早期収穫を基本としますので、倒伏前でも十分に球が肥大していますので、倒伏前でも収穫をします。

●主な病気

　萎縮病、萎黄病、軟腐病、腐敗病、べと病、さび病、小菌核病、黒斑病、ボトリチス葉枯病、白色疫病、乾腐病、灰色腐敗病、黒腐菌核病、炭疽病、黒穂病、苗立枯病、紅色根腐病、

●主な害虫

　ネギアザミウマ、ネギハモグリバエ、ネギコガ、ヨトウムシ類、タネバエ、

ちょっと知識

貯蔵中の腐敗

　タマネギを栽培するときに、チッソ過多や肥料の遅効きは病害を助長するので発生を軽減するためには、適切な肥培管理が重要です。窒素肥料が多く吸収しますと鱗片が厚くて軟らかくなり、病原菌が侵入しやすくなります。収穫時は天日干しをして、十分に乾かすことで硬い球にすることで、貯蔵病害を軽減ができます。畑には病害株を残さないようにし、常に清潔に保つようにします。

　腐敗をさせる病害の種類には、灰色腐敗病、肩腐れ、鱗片腐敗病、肌腐れ、芯腐れ、乾腐病、尻腐れ、黒カビ病などがあります。風通しの良い場所に保管します。

ニンニクの栽培

難易度
3

図50 厳寒期の生育状況

●地域別の作型について

植え付け時期は、9月となります。

●特性

ニンニクの原産地は中央アジアで、生育適温は18～20℃と比較的涼しい気候を好みます。ニンニクは初秋に鱗片を植えますと、発根し萌芽します。年内に本葉が4～5枚になります。その後は冬の低温で地上部の生育が止まります。冬から春の初めにかけて生長点が花房に分化してその周囲に鱗片（側球）が発育し側球芽に分化します。鱗茎形成には、この冬の低温が必要不可欠な条件となります。

春に温度が上昇してきますと、再び生長を始め本葉が7～9枚になり、地下に鱗茎を形成し始めます。晩春から初夏に地上部が枯れて成熟し、鱗茎は休眠に入ります。

品種により完全抽苔するものから全く抽苔しないものまでありますが、種子は出来ないため、繁殖には鱗片か珠芽を利用します。

※花房が分化しないと、花茎の周りに側球芽が形成されず、一つ球になることがあります。

●品種の使い分け

球の肥大には温度と日長が関係します。品種によりその感応度が異なり、暖地系の品種は低温要求度が低く、短日（11時間程度）でも温度が上昇すると結球が進みます。

寒地系の品種は低温感応性が鈍感で、低温の要求度が強く、５℃以下に長期間（３ヶ月程度）当たらないと結球しません。

●作型

　ニンニクは貯蔵性が高く周年供給されるため、作型の分化はあまり進んでいません。植え付け時期は、全国的にほぼ同じで（暖地９月中旬〜下旬、寒地９月下旬〜１０月上旬）、栽培地や品種により収穫期が違ってきます。収穫は暖地が４〜６月上旬、寒地が６月下旬〜７月上旬となります。

●種の準備

　暖地系　鱗片重が５ｇ以上で、種使用量は１２０〜１６０kg／１０ａ
　寒地系　鱗片重が７ｇ以上で、種使用量は２００〜２５０kg／１０ａ
※小球はウイルスの危険性があるので使わないようにします。
　鱗片重が大きいほど収量も上がりますが、福地ホワイトで１５ｇ以上のものでは分げつ株が多くなります。

●畑の準備と追肥

　肥沃で排水性、保水性の良いところを選び、乾燥しやすい畑では春先に葉先枯れが発生しやすく、球の肥大も悪くなります。
　土壌酸度はpH６.０〜６.５が適します。
　３坪当たり堆肥を２０kgくらい入れて、苦土石灰を１kgも入れてよく土と馴染ませます。ニンニクは後半に肥効が旺盛となりますので、堆肥として牛糞堆きゅう肥を用います。その後、元肥として、３坪当たり化成肥料（8-8-8）を２.５kg入れます。
　マルチ栽培の場合は緩効性肥料を用いて全量を元肥で入れます。
　追肥として、３坪当たり化成肥料（8-8-8）で６００ｇを２回施します。

●植え付け

　９月から１０月に植え付けを行います。株間を１０〜１５cm間隔で、深さ５〜６cmで植えます。植え付けてから１週間ほど経過しますと、芽が出てきます。雨がほとんど降らない場合にはかん水をします。

●管理

マルチを用いていない畑では除草を定期的に行ないます。生育が進み、萌芽後、草丈が１０〜１５cmのとき、２芽以上の出たものは生育の良い芽を１芽残して除げつします。

とう摘みは、抽台する品種で、葉鞘から出ているとうを早めに摘み取り、球の肥大を促します。

５月になりますと、鱗片の肥大が始まります。鱗片肥大には水分は必要となりますので、晴れた日に十分なかん水をします。

●追肥

追肥を行う時期として、暖地では年内と翌春に行い、寒地では４月上旬と５月上旬に行います。

●収穫

地上部の葉が３０〜５０％黄変したころで、地下部の茎盤部と鱗片の尻部が水平になったころに行います。

●乾燥と貯蔵

自然乾燥では、日の当らない風通しのよい場所などに吊るして、１ヶ月程度影干しをします。生球の重量３０％程度の減量が目安です。

貯蔵は０℃で、湿度を７０％に保ちます。

●主な病気

さび病、葉枯病、春腐病、黒腐菌核病、白斑葉枯病、腐敗病、

●主な害虫

チューリップサビダニ、ネギコガ、アザミウマ、

ラッキョウの栽培

難易度
2

●地域別の作型について

　植え付け時期は、８月〜９月です。冷涼地では８月中旬で、暖地は９月中旬になります。

●特性

　ラッキョウは中国原産のネギ科の野菜です。塩浸けや甘酢浸けなどの保存食として用いられています。最近は葉が青いうちに若採りして食べる「エシャレット」としても人気があります。栽培は比較的簡単で、土壌の適用性も広く、やせ地でも十分に栽培が出来ます。

　播種期は８月下旬から９月中旬となります。収穫は６月中旬から７月中旬です。

●畑の準備

　畑は排水がよく、日当たりのよい場所を

図 51　植え付けたラッキョウ

選びます。植え付け３週間前に堆肥を３坪当たり２０kg 入れ、その後に苦土石灰を１kg 入れてよく馴染ませます。ラッキョウはニンニク同様に後半の肥効が高まりますので、堆肥として牛糞堆きゅう肥を用います。土壌の適正な酸度は pH５. ５〜６. ０です。元肥として、３坪当たり、化成肥料（8‐8‐8）で１. ３kg とします。畝幅が４０cm で、畝の高さが１０〜１５cm の畝を作ります。

●植え付け

　８月下旬になれば植え付け時期となります。畝に株間を１５cm で、種球を植えて３〜５cm の覆土をします。植え付け直後にたっぷりとかん水をします。浅植えをしますと球が丸くなります。「エシャレット」を作る目的では５cm と深植えにします。

●追肥

　追肥は１１月頃に１回目を行い、年明け後の２月頃に２回目の追肥を行います。生育が旺盛な場合には追肥を控えます。１回に与える追肥の量は化成肥料（8-8-8）で２５０ｇとします。

　生育がよくなりますと、根元が地表面に上がってきますので、根元に土寄せをします。土寄せをしないと株に光が当たり、白いラッキョウになりません。

●収穫

　６月に入れば、地上部の葉が枯れ始めましたら収穫の時期です。掘り上げますと１株に８〜１２個のラッキョウが採れます。掘らずにもう１年育てますと小さな締まった小粒のラッキョウになります。１株に３０個以上の収穫となります。

　収穫をしたら、根の部分と茎を切り取って、根を切り取っても生育しますので、すぐに塩漬けなどに調理します。

●主な病気

ウイルス病

　葉に黄緑色の筋状の斑点や黄緑色と緑色のモザイク症状が現れます。原因はアブラムシやアザミウマによって媒介されます。害虫の防除が必要です。

さび病

　オレンジ色の楕円形で、少し膨らんだ小さな斑点が発生します。

軟腐病

　葉身基部の地際部が軟化し腐敗します。

●主な害虫

ネギアブラムシ

　黒色のアブラムシでラッキュウの樹液を吸収し、ウイルス病を媒介します。

ネギアザミウマ

　成虫、幼虫が葉を食害して、かすり状の白斑を生じさせます。ウイルス病を媒介します。

ショウガの栽培

難易度
3.5

図 51　ショウガの生育

●地域別の作型について

　植え付け時期は、冷涼地では５月、中間地、暖地では４月となります。

●特性

　ショウガは熱帯アジアが原産地で、奈良時代に中国から渡ってきました。ショウガは真夏に「葉ショウガ」として食しますし、秋には香りの高い「新ショウガ」で収穫されます。新ショウガを数か月保管しますと「ひねショウガ」として薬味に利用されます。乾燥に弱い野菜ですから、水分を十分に与えて作ります。暖かい地方の野菜なので、生育には地温１５℃以上が必要となります。生育適温は２５〜３０℃です。１０℃以下の低温では腐りやすくなります。土壌の適正酸度はpH５.５〜６.０です。ショウガの植える時期は４月下旬から５月中旬となります。連作障害が強くて、４〜５年は畑を休める必要があります。

●畑の準備

　堆肥は植え付け前１か月〜２０日前に、多めに３坪当たり３０kg入れ、苦土石灰を３坪当たり１kg入れ土とよく馴染ませます。ショウガは生育期間が長いので、堆

143

肥として牛糞堆きゅう肥を用います。元肥として、３坪当たり、化成肥料（8-8-8）で１.８kg入れます。畝は畝幅が６０cmで、畝の高さが１０cmとします。

●植え付け

ショウガは、種の良し悪しで初期生育が決まるので、よく充実したものを購入することが大切です。種の必要量は３坪の畑では７〜８kgで、植え付けをするときには１片が５０〜６０gに分割して植え付けます。植え付けは４月下旬頃から始めます。植え付ける畝に十分な水分を与えた後に植え付けます。植える株間は３０cmで、植えた種より上の部分に新しいショウガが出来ますので、深く種を植え付けます。深さが１０cmくらいに植え付けます。

萌芽するまで、１〜２か月かかります。低温期の早い栽培の場合にはビニールや不織布などで畝を保温して萌芽を早めます。

●かん水

ショウガは乾燥に弱いため、畝が乾燥し過ぎますと、根茎の肥大が著しく悪くなります。乾燥を防ぐために朝にかん水をします。かん水を多くしますと、根腐れが発生しますので、排水にも注意します。

●土寄せ

土寄せは、根茎の肥大と品質向上に重要な作業となります。一度に多くの土寄せをしますと、生育に逆効果となります。芽が２本出た時と、４〜５本出た時に土寄せをします。寄せる土の量は厚さが３〜４cmとします。

●追肥

追肥を行う時期として、６月と８月の２回行います。遅い時期の追肥は貯蔵性の低下に繋がりますので行いません。土寄せと同時に行うことが省力化に繋がります。

追肥の量は３坪当たり化成肥料（8-8-8）を３００g施します。

●敷き藁

夏の高温時期には乾燥を防ぐために行います。梅雨の後に行ったり、土寄せ後に行ったりしますと省力化となります。特に、乾燥しやすい畑では厚めに行います。

●収穫

収穫は１０月に入ったら始めます。収穫が遅れて、霜が降りますと低温障害を受けてしまいますので、霜の降る前までに収穫をします。

●貯蔵

収穫したショウガは日光の当たらないように乾燥させて、その後、貯蔵させます。貯蔵温度は１４〜１６℃で、湿度が９０〜９５％とします。ショウガは１８℃で発芽し、１３℃以下では腐敗します。

●主な病気

いもち病、白星病、根茎腐敗病、紋枯病、

●主な害虫

アワノメイガ、ハスモンヨトウ、モンシロチョウ、コナガ、オオタバコガ、

ちょっと知識

ショウガの効能

　ショウガの辛味成分のジンゲロール・ショウガオールには強い殺菌作用があります。鮨に欠かせないガリはこの殺菌作用を利用したものです。また、ガン細胞の増殖を抑制する作用や発ガン物質が引き起こす遺伝子の突然変異を抑制する作用などもあります。

　ショウガに含まれるショウガオールには血行を促進する作用や、体を温める働きがあり、新陳代謝を活発にし、発汗作用を高める働きもあります。生のショウガをそのまま摂取するよりも乾燥させたものや加熱調理することでより身体を温める効果が大きくなります。ジンゲロールが加熱する事でショウガオールに変化することで、体の温め効果を求めるのであれば生姜湯や味噌汁などの加熱する料理などに使うと良いです。

◎葉菜類

葉菜類は地上部の葉や茎を食べる野菜で、種類が多い野菜でもあります。生で食べる場合が多くなり、需要が伸びている野菜でもあります。

厳寒期のキャベツ畑（群馬県）
群馬県館林市の加工キャベツ畑で、この地区のキャベツ生産は年々増加しています。将来は 100ha 以上になると言われています

キャベツの栽培

図 53　キャベツの畑

●地域別の作型について

　冷涼地の播種期は、4月〜6月上旬、中間地の播種期は、1月中旬〜3月上旬と7月中旬〜8月上旬、暖地の播種期は、1月上旬〜2月下旬と7月下旬〜8月中旬です。

●特性

　キャベツの原産地は地中海沿岸です。低温性野菜で冷涼な気候を好みます。現在では品種改良をされて、どの気候でも栽培ができます。連作障害もあり、一度栽培すると、3年くらいは作付けが出来ません。適正酸度はpH 5.5〜6.5です。発芽適温は15〜20℃で、生育適温は15〜25℃です。

●畑の準備

　畑には、堆肥を3坪当たり20kg入れ、苦土石灰も1kg入れてよく土と馴染ませておきます。キャベツは生育の後半に多くの肥料を吸収しますので、堆肥として牛糞

堆きゅう肥を用います。総肥料として、3坪当たり化成肥料（8-8-8）を3.5kgで、元肥として総肥料の量の3分の2に当たる2.7kgを入れます。残りの化成肥料（8-8-8）は追肥として施します。

　畝幅が60cmで、高さ10～15cmの畝を作ります。

●育苗

　キャベツは育苗で苗を作り植え付けをします。夏播きキャベツの播種適期は7月中旬～8月上旬です。苗作りは128穴のセルトレーに市販の培土を詰め、種子を播きます。播種した後に十分な水分を与え、新聞紙で覆います。3日くらいで発芽をしてきます。

　発芽後は乾かないよう注意します。特に、夏場のセルトレーのかん水には、朝に十分な水分を与え、夕方はできるだけ水分を控えます。夕方にかん水をしますと、苗が軟弱徒長になります。根張りの悪い苗になり、根付きが遅れます。

　セルトレーを昼に見て乾いていれば夕方までに乾く程度のかん水をします。

　育苗期間は25～30日で、本葉が4～5枚になるまで育苗管理をします。

●植え付け

　植える前にセルトレーに十分にかん水しておき、条間を60cmとし、株間を35cmで植えます。土壌が乾燥していればかん水を行い、根付きを促します。根付きが遅れますと、生育が悪くなり小さな球になってしまいます。初期の乾燥には注意します。

●管理

　根付きをして2～3週間経過しますと、生育が旺盛になってきますので、追肥を行います。その時に中耕を行い除草も兼ねます。

●薬剤散布

　夏播き栽培では、生育の初期から中期は気温が高くて、害虫の発生が多くなります。害虫の防除を行います。また、秋雨の時期には病気の発生も多くなりますので病気に対する防除も行います。

葉菜類

●収穫

　キャベツは播種から９０～１００日後に球が大きくなり、球の頭部を手で押して硬くなっていれば収穫適期となります。収穫をする場合、手で球を傾けて、球の下の茎を包丁で切り収穫します。

●生理障害

　水やりの管理が不十分ですと、土壌の乾燥によってカルシウム、マグネシウム、ホウ素などが欠乏して生育不良となります。肥料の過不足に置いても障害が発生します。特に、窒素過多には注意します。

　裂球は生育の途中で球が割れる症状です。キャベツは外側の葉から丸くなり、内側に新しい葉がどんどんと出来てきます。内側の葉の生育が外側の葉の生育より早くなりますと、外側の葉を突き破って球が割れてしまいます。これを裂球と言います。また、とう立ちによっても裂球が起こります。

●主な病気

　黒腐病、黒斑細菌病、軟腐病、黒すす病、菌核病、白さび病、べと病、萎黄病、バーティシリウム萎凋病、根こぶ病、苗立枯病、根朽病、

●主な害虫

　コナガ、モンシロチョウ、ヨトウムシ、ハスモンヨトウ、アブラムシ類、ハイマダラノメイガ、チャコウラナメクジ、オオタバコガ、タマナギンウワバ、

ちょっと知識

根こぶ病

　最近、おとり作物に根こぶ病菌を着かせて農薬で殺菌する方法を勧められています。野菜の栽培が終了すると、菌は固い胞子の状態の不活化となり、農薬を与えても死滅しません。おとり作物を野菜栽培の後に播種して、根こぶ病菌を不活化させずに寄生させて、オラクル粒剤の農薬で死滅をさせます。おとり作物としてライ麦などがあります。

ハクサイの栽培

図54 ハクサイの畑

●地域別の作型について

　冷涼地の播種期は、7月上旬〜8月上旬、中間地の播種期は、8月中旬〜9月中旬、暖地の播種期は、8月下旬〜9月下旬です。品種によって多少異なります。

●特性

　ハクサイは地中海沿岸のアブラナが中国に渡り、中国で分化してチンゲンサイとなり、中国に生育していたカブと交雑して、ハクサイの原型となり、その後に、結球ハクサイとなり、原産地は中国となり、日本には明治時代に入り、日本の気候に適合して、多くの品種が育成されました。ハクサイは低温に強く、生育適温も20℃前後と涼しい気候を好みます。軽い連作障害があり、同じ畑で2年連続して作れば、別の畑に移動した方がよい結果になります。

　生育の適正酸度はpH6.0〜6.5です。発芽適温は18〜22℃で、生育適温は15〜20℃となります。

●畑の準備

　畑には、早くから３坪当たり２０kgの堆肥と苦土石灰を１kg入れてよく土と馴染ませておきます。ハクサイは後半に肥効が高まりますので、堆肥として牛糞堆きゅう肥を用います。その後、元肥として、３坪当たり化成肥料（8-8-8）を２kg入れます。追肥として２回に分けて、３坪当たり化成肥料（8-8-8）を１kg施します。

●畝作り

　畝幅が６０cmで、高さ１０cmの畝を作り、１条植えとします。マルチをする場合には黒マルチを使います。

●育苗

　苗作りは１２８穴のセルトレーを用います。セルトレーに市販の培土を詰めて、種子を播き、覆土をし、かん水をしてから新聞紙で覆います。発芽までの日数は３〜４日で、発芽を確認したら新聞紙を取り外して光を当てます。

　セルトレーの乾きには注意が必要です。かん水は朝に十分な水を与えます。夏場には特に注意し、夕方のかん水は出来るだけ控えます。夕方に水分を与えますと、軟弱徒長の苗となり、植え付け後の根付きが遅れます。水分を常に多く与える管理をしますと、根張りの悪い苗になります。乾きやすい日などは昼にセルトレーの乾きを見て、乾燥していれば軽くかん水をします。

　育苗期間は２５〜３０日で、本葉が４〜５枚の苗を作ります。

●植え付け

　畝幅が６０cmで、株間を４０〜４５cmで植え付けます。畑が乾いていればかん水をして、根付きを促します。根付きが悪くて外葉が小さくなりますと球の小さいハクサイになります。

●追肥

　根付きをして旺盛な生育になれば、植え付けしてから２〜３週間以内に追肥を行い、中耕をして除草も兼ねます。その後、生育が遅れていれば、最初の追肥後２週間目に２回目の追肥をします。追肥と同時に土寄せを行います。土寄せをしてないと、結球してから倒れ易くなります。

●農薬散布

　夏播きでは、初期から中期は気温の高い時期になり、害虫の発生も多くなります。害虫の防除を行います。また、秋雨になると病気（軟腐病）の発生が増えてきます。病気にも注意をします。

●収穫

　球が大きくなってきますと、球の頭部を手で押さえて、硬く締まってくれば収穫となります。収穫は球を手で斜めに傾け、球の下の茎の部分を包丁で切り収穫します。

●主な病気

　ウイルス病、軟腐病、黒腐病、黒斑細菌病、黒斑病、白斑病、尻腐病、菌核病、ピシウム腐敗病、べと病、白さび病、根こぶ病、黄化病、

●主な害虫

　コナガ、モンシロチョウ、ヨトウムシ類、アブラムシ類、ハイマダラノメイガ、カブラハバチ、キスジノミハムシ、ダイコンハムシ、ハクサイダニ、

ちょっと知識

軟腐病

　軟腐病にかかりますと、腐って軟化し、悪臭を発します。ひどくなりますと株全体がしおれて枯死することもあります。軟腐病には残念ながら今のところ高い治療効果のある農薬はありません。病原菌の特徴を理解し、徹底した防除が重要です。軟腐病は細菌が原因の病気です。高温多湿で多発し被害も大きくなる傾向があります。

　病原菌は土壌中に潜んでおり罹病しやすい野菜が植えられるとその根の周りなどで菌が増殖します。増えた病原菌が害虫の食害跡や風雨による傷、気孔などから侵入することで発病します。特に傷口から感染しやすいので、害虫の中でも キスジノミハムシやヨトウムシ には注意が必要です。また管理作業などで 発病株に触れた後に健全株に触れますと感染を広げる原因となります。

チンゲンサイの栽培

難易度
2

図55　チンゲンサイの収穫適期

●地域別の作型について

　播種期は、抽苔の時期を除いて、播種ができます。3、4月の播種は抽苔の時期です。冷涼地などの気温の低い時期にはトンネルなどの被覆材を用います。

●特性

　中国原産の野菜で、昭和47年頃に日本に入って来た新しい野菜です。株元の葉柄が膨らむ形状をしています。肉厚の葉柄で、味にクセがありません。品種も色々あり、品種を選べば周年栽培ができます。冷涼な気候を好み、25℃以上の温度には弱く、低温には比較的強く越冬ができます。軽い連作障害があります。生育の適正酸度はpH5.5～6.5です。発芽適温は15～25℃で、生育適温は15～20℃です。

●畑の準備

　播種や植え付け2週間くらい前に、堆肥を3坪当たり20kg入れ、苦土石灰を1kg入れてよく土と馴染ませます。チンゲンサイは栽培期間が短いので、堆肥として鶏糞堆きゅう肥を用います。元肥は3坪当たり化成肥料(8-8-8)を1.5kg入れます。畝幅は120cmで、高さ10cmの畝とします。

153

●播種および植え付け

チンゲンサイは直播が多いですが、ハウス栽培においては移植栽培をします。

直播栽培の場合は、畝に十分なかん水をした後に、点播きの場合は条間１５〜２０cm、株間１５cmの１畝４条に播きます。１植え穴に３〜４粒の種子を播き、発芽後に生育の悪い株や子葉の奇形なものを２回に渡って間引きして、本葉が４〜５枚で１株にします。

移植栽培の場合は、移植する苗の本数は３坪の畑に対して、必要本数が約１５０株となります。一般にセルトレーを用いて苗を作ります。２９９穴のセルトレーに１穴に１粒の種子を播き、本葉が２枚程度まで生育したら畝に植え付けをします。直播と同様な株間で植え付けをします。

●追肥

追肥は葉色が淡い場合や生育が遅れている場合などに行います。基本的には行わないことが多いです。２回目の間引きが終わった時点で、追肥を条間に行います。

追肥の量は３坪当たり当たり化成肥料（8-8-8）を１５０g施します。

●防虫対策

高温期にコナガ、アオムシなどの害虫が発生して、食害を与えます。害虫からの防除として、播種後や移植後に防虫ネットのトンネル被覆をして害虫の食害から守ります。網目として０．６mmのネットを張ります。

●収穫

収穫の目安は、草丈が２５cmで株重が１００〜１５０gまでに生育したら、地際から切り取って収穫をします。収穫までの日数は、高温期では３０〜４０日で、低温期では７０〜９０日となります。

●主な病気

萎黄病、菌核病、白さび病、根こぶ病、べと病、

●主な害虫

モンシロチョウ、アブラムシ類、コナガ、ハダニ類、ヨトウムシ類、

葉菜類

154

コマツナ（アブラナ科）

コマツナの栽培

難易度
2

図 56　コマツナの収穫適期

●地域別の作型について

播種期は、品種を選べは周年となります。

コマツナは平坦地でも周年栽培の出来る野菜で、ホウレンソウと比較しても味にクセがなく、日本でホウレンソウの作付け面積を抜き軟弱野菜ではトップの作付けになっています。味にクセがないので、色々な料理に使われるようになりました。若い方から年配者まで広く食べられています。栽培も簡単で、収穫までの期間も短い野菜です。栄養価の面でも優れていて、カルシウム（１００ｇ中に１５０ｍｇ）、カロテン（１００ｇ中に３１００ｍｃｇ）を多く含んでいます。品種も色々あり、収穫する時期を決めて品種を選ぶ必要があります。

●特性

最も栽培しやすい葉菜の１つです。原産地は地中海沿岸で、日本に渡り「小松菜」の名称が付きました。トンネル被覆などを用いることで周年栽培が可能な野菜です。発芽適温は１５〜２０℃で、生育の最適な気温は２０〜２５℃です。耐寒性が強くて氷点下になっても枯死しませんが、低温期では葉が傷みますので保温資材などで覆います。土壌の酸度は少し酸性でも生育をしますので、ホウレンソウと比べて作りやす

155

い野菜です。好適酸度は pH ６.０〜６.５です。

　連作障害があり、同じ畑で作る場合には１〜２年空けた方がよいです。

●畑の準備

　堆肥を３坪当たり１０〜２０kg 入れ、苦土石灰も１〜１.５kg 程度入れてよく土と馴染ませます。コマツナの栽培期間は短いので、堆肥として鶏糞堆きゅう肥を用います。特に、石灰が欠乏やハウス内が高温で乾燥しますとチップバーン（先枯れ症）が発生しますので注意を必要とします。

　元肥として、化成成分（8-8-8）を３坪当たり１.２〜１.６kg としますが、高温期では肥料吸収が旺盛になりますので少なく施します。夏場の元肥は３坪当たりに化成肥料（8-8-8）で１kg 弱にします。

　畝幅が１２０cm で、畝の高さが１０cm とします。畝の表面は平らにしますと、発芽が揃います。

●播種

　条間は１５cm、株間を低温期では３〜４cm で高温期では６〜７cm とします。種子の深さは５mm〜１cm とします。播種後は必ず鎮圧をして発芽を良くします。鎮圧をすることにより乾燥を防ぎ発芽がよくなります。

　発芽を揃えるには、播種後に十分なかん水をすることです。

　発芽の温度は５〜３０℃と幅が広く、低温期でも発芽をします。高温時には、地表面は３０℃以上になり発芽障害も出ますので、高温時のハウスでの播種は、ハウスに遮光ネットを張り地温を下げることで発芽が良くなります。発芽して子葉が展開したら、遮光ネットを外して光線を当てます。ネットを張り続けますと、軟弱徒長のコマツナになります。

●間引き

　条播きをした場合、発芽して生育が揃ってきましたら、１回目の間引きを行います。生育の悪い株や生育が良すぎる株などを間引きします。２回目の間引きは本葉が４枚前後の時に行います。そのときに株間を決めます。その間引きの後に、生育を見て遅れていれば追肥をします。追肥の量は条間に３坪当たり化成肥料（8-8-8）で１５０ｇを与えます。

●水分管理

夏場のハウス内は高温となり地表面が白くなってきますが、その時には、表面の土を少し掘って内部の湿りをみて、乾いていればかん水をします。過保護的にかん水をよく行いますと、軟弱徒長や病気の発生につながります。

収穫が近くなれば、かん水を控えます。かん水を行いますと葉軸が折れやすくなります。

●病害虫対策

白さび病などは予防散布をして防ぎますが、管理上、株間を広くして風通しをよくして病気の発生を抑えます。また、窒素肥料を多く与えると、葉などが軟弱となり病気の発生が増えます。

害虫の防除には、防虫ネットが有効です。しかし、農薬の予防散布は初期生育の時点で行います。キスジノミハムシ、コナガ、アオムシなどが発生します。

●収穫

収穫は降雨中や降雨直後は控えます。葉軸が折れやすくなります。また、朝霧が出ている時期も折れやすいですから注意します。葉に水が着いていなくなれば収穫を始めます。

夏栽培は日中に高温となりますので、気温が上昇する前の朝に収穫をします。

収穫した株は、子葉と下葉２枚は必ず除去します。

収穫の目安は、春播きで播種から３０～４０日、秋播きで播種から７０～８０日となります。

●主な病気

ウイルス病、炭疽病、白さび病、萎黄病、リゾクトニア病、

●主な害虫

コナガ、モンシロチョウ、ヨトウムシ類、カブラハバチ、アブラムシ類、キスジノミハムシ、ナモグリバエ、ナガメ、ハクサイダニ、

ミズナの栽培

葉菜類

図57 ミズナの生育

●地域別の作型について

　最近は、株を小さくして収穫をするサラダミズナが多くなり、播種期は、周年で栽培が出来ます。

●特性

　ミズナは日本古来の葉野菜で、鍋や漬物に使われています。シャキシャキとした歯ごたえとアクのない味で、最近はサラダに用いられるようになりました。葉に深い切れ込みのある特徴的な形状をしています。用途として、小株で収穫するサラダ用と大株で収穫する鍋用や漬物があり、小株と大株の両方に使われています。発芽適温は１５〜２０℃で、生育適温が１５〜２５℃と冷涼な気候を好みます。軽い連作障害があります。生育の適正酸度はｐＨ６．０〜６．５です。

158

●畑の準備

　播種および植え付け２週間前に、堆肥を３坪当たり２０kg入れ、苦土石灰も１kg入れ、よく土壌に馴染ませておきます。ミズナは小株での栽培期間は短いですが、大株での収穫は栽培期間が長くなります。両方の栽培から考えますと、堆肥として豚糞堆きゅう肥を用います。元肥として、３坪当たり化成肥料（8-8-8）で２kgとします。

●播種と植え付け

　小株での収穫の場合には、一般的には畝を作らずに、コマツナのように２０cmの条間をとり、条播きをします。

　中株や大株は２００穴のセルトレーに播種して、苗を作ります。中株の場合は５～６cm間隔で植え付けをします。大株の場合は３０cmと広く植えます。

●間引きと追肥

　小株の場合、発芽して本葉が２枚で混み合ってきたら、２～３cm間隔になるよう間引きを行います。その際に条間の除草を兼ねて中耕します。

　中株、大株の場合、セルトレーで育苗して、本葉が２枚程度に生育したら、畝幅が１００cmで、条間４０cm、株間１５cmで植え付けをします。初期の間引きは行いません。

　大株は株間を１５cmに植えて、２０～３０cmの草丈になった時点で、１株おきに中株を収穫し、３０cmの株間にして大株を作ります。中株を収穫した後に追肥をして、株を大きくします。中株収穫後数週間で大株になります。

　追肥の量は３坪当たり化成肥料（8-8-8）を１５０g施します。

●収穫

　小株の収穫は草丈が１５～２０cmに生育した時点で行います。サラダや肉料理の付け合わせに使います。

　中株の収穫は草丈が２０～３０cmに生育した時点で行います。小株より葉や葉軸がしっかりしていて、サラダや炒め物、煮物などに使います。この中株が現在のミズナの主流になっています。

　大株の収穫は株張りがよくなってから収穫をします。大株はハリハリ鍋に使われます。

●防虫ネットで予防

　ミズナはコナガ、アオムシなどの食害がよく発生します。気温の高い時期にはコナガやアオムシの発生が多くなります。4月に入ったら防虫ネットでトンネルを作り食害にならないよう注意します。

　アブラムシによるウイルスの発生が心配になります。ミズナは軟弱野菜ですから、農薬の使用は出来るだけ控えることが大切で、アブラムシも防虫ネットで予防します。アブラムシの場合には網目が0.6ミリを使用します。

　病気として、土壌病害が多いので、根こぶ病、立枯れ病がありますので、土壌消毒で予防します。

●主な病気

　菌核病、白さび病、根こぶ病、立枯病、

●主な害虫

　モンシロチョウ、アブラムシ、コナガ、ヨトウムシ、

ちょっと知識

チップバーン

　チップバーンは、アブラナ科の野菜を栽培すると発生する生理障害です。収穫が近くなりますと、発生を見ることが多いです。チップバーンは、キャベツで重なった葉の内側で発生するのでカットしないと分かりません。カリフラワーとブロッコリーの場合は、若い葉の先端に発生します。コマツナでは葉の周辺が枯れる症状です。

　チップバーンは、カルシウムとホウ素、またはそのどちらかの欠乏に関連して発生します。この欠乏は、単に栄養素の供給が不足したために起こるだけでなく、水やりの管理不十分、栄養のアンバランス、根の成長阻害によっても発生します。窒素肥料の吸収が旺盛な場合には、カルシウムの吸収を抑えますので、この場合にも発生がみられます。

ミツバの栽培

ミツバ（セリ科）

難易度
2.5

●地域別の作型について

播種期は、3〜5月と9月の2回あります。冷涼地では、4〜5月播きとなります。

●特性

セリ科の多年草で、日本全域に生息できる野菜で、葉が3つに分かれています。草丈は大きくなりますと40〜50cmになります。香りが強くて、日本料理には必要な野菜の1つです。発芽適温は20℃前後で、生育適温が15〜22℃となります。涼しい地域を好みます。適した土壌の酸度はpH6.0〜6.5です。播種期は3〜5月と9月の2回あります。根には耐寒性がありますので、翌年になれば萌芽してきます。連作障害は強くて、3〜4年畑を空ける必要があります。

図58　収穫した水耕ミツバ

●畑の準備

播種や植え付けをする2週間前に、3坪当たり堆肥の20kgと、苦土石灰1kgを入れてよく土と馴染ませます。ミツバは収穫までの日数が長いので、堆肥として牛糞堆きゅう肥を用います。元肥として、3坪当たり化成肥料（8-8-8）を1.5kg入れます。畝幅は90cmで、畝の高さは10cmとします。

●播種

播種する前に種子を水に一晩浸けてから播きます。条間を15cmで、株間を1cm程度の条播きをします。ミツバは好光性の種子ですから、覆土は薄く、種子が隠れる程度とします。発芽後に子葉の形の悪いものや生育の悪いものを間引きして、株間を3cm程度とします。2回目の間引きは本葉4〜5枚時に行い、株間を8〜10cm

161

程度にし、少し混み合った方がよいです。２回目の間引きをする際に追肥を行います。

　苗の植え付けをする場合には、セルトレーに播種して、本葉が２～３枚に生育したら畑に植えます。植え付けが済んだら十分にかん水をします。ミツバは乾燥に弱いので、定期的にかん水を行います。

●管理

　直播の場合、２回目の間引きを行った後に、除草を兼ねて土寄せなどを行います。乾かないようにかん水を行います。追肥は１ヶ月間隔に行います。追肥の量は化成肥料（8-8-8）を１５０ｇ畝間に施します。生育が進み混み合ってきたら、古い葉などを葉軸から取り除いて、混まないように管理します。

　葉が枯れる原因は水切れか極端な乾燥です。水分が僅かに不足してもミツバの品質を左右するので、乾燥に注意します。暑さには強いですが、夏の直射日光で枯れる場合がありますので、寒冷紗などで日除けも行います。

●収穫

　ミツバの草丈が２０ｃｍになれば、根元を５ｃｍほど残して切り取ります。収穫は３ヶ月ほど続きます。

●主な病気

　株枯病、さび病、立枯病、根腐病、べと病、ウイルス病、

●主な害虫

　キアゲハ、ナミハダニ、ニンジンアブラムシ、ヒメフタテンヨコバイ、

パセリの栽培

●地域別の作型について

播種期は、露地栽培の場合に、３〜４月播き
となります。

●特性

原産地はヨーロッパの地中海で、日本では縮
葉種が一般的で、料理の付け合わせに広く用い
られています。水耕栽培でも多く作られていま
す。生育適温は１５〜２０℃と比較的に冷涼を
好みますが、耐暑性もありますので、１年を通
して栽培ができます。

図59　パセリの収穫物

パセリはセリ科の野菜で、種子発芽が悪いので、播種量は多めに播きます。

パセリは直まきと育苗による移植の栽培方法があります。

●畑の準備

植え付けする２週間前に、堆肥を３坪当たり２０kg入れ、苦土石灰も一緒に１kg
入れて土とよく馴染ませます。パセリは収穫期間が長いので、堆肥として牛糞堆きゅ
う肥を用います。元肥として、肥料成分で３坪当たり、化成肥料（8-8-8）を２kg
入れます。畝幅は４０cmで、高さが１０cmの畝を作ります。

●育苗

パセリの種子は発芽が悪いので、苗を作り、移植します。２００穴のセルトレーに
１穴に３〜４粒の種子を播きます。種子は好光性のため覆土は極薄くします。種子が
軽く隠れる程度が好ましいです。発芽適温は２０℃くらいです。発芽したら覆ってい
た新聞紙を取り除き、日光を当てます。本葉が２枚まで生育したら、培土を詰めた９
cmポットに鉢上げして、本葉が５〜６枚になるまで育苗床で管理します。

●植え付け

畝の中央に株間を２０〜３０cmとして植えます。パセリは移植を嫌う野菜で、深

植えにしないように植えます。また、根が下に張る深根性なので根痛みをしないように植えて、植えた後にたっぷりの水を与えます。

●管理と収穫

　生育をみながら、２～３週間おきに追肥をします。追肥の量は化成肥料（8-8-8）１５０gを畝間に施します。害虫として、アブラムシ、キアゲハ、ナメクジが食害をしますので、防除をします。

　本葉が１３～１５枚までに生育した時点で、収穫を始めます。外側の下葉から順に摘み取ります。生育を見ながら順次収穫をしていきます。花茎が伸びてきたら、早めに摘み取ります。

●主な病気

　軟腐病、立枯病、ウドンコ病、灰色かび病、

●主な害虫

　アブラムシ類、ミナミキイロアザミウマ、モンシロチョウ、コナガ、
ウリノメイガ、シロイチモジヨトウ、オオタバコガ、ネキリムシ類、ハスモンヨトウ、

ちょっと知識

パセリの栄養について

　パセリは栄養価が高くて効能も色々とあります。ビタミンCは収穫物の１００g中に２００mgを含んでいて、野菜の中でトップクラスです。カロテンもトップクラスの含有量です。さらに、鉄分の含有量も多いです。また、カルシウム、ビタミン類も多く含まれています。

　パセリの若葉１５０gと氷砂糖１００gをホワイトリカーの１リットルに漬けて２か月ほど経過しますと、香りのよいパセリ酒ができます。貧血や疲労回復、食欲増進に効果があります。

葉菜類

レタス（キク科）
レタスの栽培

図60　レタスの収穫適期

●地域別の作型について

　冷涼地の播種期は、４〜５月と７月下旬で、中間地の播種期は、１月下旬〜３月下旬と８月下旬〜９月上旬で、暖地の播種期は、１月中旬〜３月上旬と９月中旬となります。

●特性

　レタスは冷涼な気候を好みます。生育適温は１５〜２０℃で、夏場に日長が長くなり、温度が高くなってきますととう立ちが起こります。レタスは温度によってとう立ちが起こりますので、夏の高温期の栽培は高冷地で行っています。生育の適正酸度はpH６.０〜６.５です。軽い連作障害がありますので、２年連続して栽培を行ったら、別の畑に移動することを勧めます。

●畑の準備

　畑に堆肥を３坪当たり２０kg入れ、苦土石灰も１.２kg入れてよく土と馴染ませておきます。レタスは栽培期間が比較的短いので、堆肥として鶏糞堆きゅう肥、およ

165

び豚糞堆きゅう肥を用います。その後、元肥として、３坪当たり化成肥料（8-8-8）を３kg入れてよく馴染ませてから畝を作ります。最近のレタスの畝は３０cm程度の幅で１条植えが多くなってきました。畝にはマルチを張ります。レタスは病気の発生が多いので、必ずマルチ栽培をします。

●育苗

　育苗は２００穴のセルトレーを使って苗を作ります。市販の培土を詰め、たっぷりの水を与え、表面に指で浅いくぼみを作り種子を２粒播きます。覆土はバーミキュライトを軽く種子の上に掛けます。レタスは発芽に光が要りますから種子の深播きは厳禁です。播種後は出来るだけ涼しい場所に置いて発芽させます。

　発芽まで３～４日かかります。育苗期間は２０日くらいで、レタスは若植えをしますので、本葉が３枚程度の苗を作ります。

　育苗でのかん水は朝に行います。夕方のかん水は徒長を招きますので注意します。

●植え付け

　マルチを張った狭い畝に１条植えをします。株間は２７cmくらいにします。植え付け後のかん水は基本的に出来ないので、マルチを張る前に畝は十分に水分を与えておきます。根付きが悪いと、外葉が小さくなり、小さな球になってしまいます。悪い場合には結球しないこともありますので、初期の根付きが大切です。老化苗は根付きが悪くて生育が遅れ、結球にも影響がでます。

　無理してかん水をしますと、葉が痛んで病気の原因ともなります。

●管理

　外葉が２０枚くらいになりますと結球が始まります。肥料が多いと結球するときに中肋が暴れて変形球になります。生育に注意します。

●病害虫防除

　レタスは水に弱いので、長雨になると病気が多く発生します。殺菌剤などで球全体を農薬散布します。雨の後には農薬散布をお願いします。

●収穫

　球が大きくなってきて、球の頭部を手で押さえて、少しへこむくらいの巻きがよく、

押しても硬い状態では過熟となります。収穫は球を手で押さえ球の下の部分を包丁で切り取ります。切り口に水をかけますと褐色になりにくいです。水は水道水がよいです。

●主な病気

　軟腐病、斑点細菌病、腐敗病、べと病、灰色かび病、菌核病、すそ枯病、ビックベイン病、

●主な害虫

　オオタバコガ、ヨトウムシ、ナモグリバエ、カブラヤガ、ハスモンヨトウ、

ちょっと知識

レタスの生理障害

　レタスの生理障害には、マンガン過剰、ホウ素過剰、カルシウム欠乏症、鉄欠乏症、鉄過剰症、カリウム欠乏症、マグネシウム欠乏症などがあります。その症状を説明します。

マンガン過剰症：上位葉の葉脈間が黄化し、外葉の葉脈間に褐色の小斑点を生ずることもあります。

ホウ素過剰症：下〜中位葉から発生し、葉縁部に褐色の小斑点を生じ、葉縁部が褐色に葉の縁を枯死させます。

カルシウム欠乏症：芯葉、上位葉に発生し、上位葉に現れた場合は葉の中央よりやや先端部から壊死します。シュンギクで見られるような芯腐れ状態になることもあります。

鉄欠乏症：上位葉の葉脈部を除いて黄化します。

鉄過剰症：下葉から発生し、淡〜黒褐色の小斑点が発生します。

カリウム欠乏症：下葉の周辺部から白化し、やがて不整形の斑点状に枯死します。

マグネシウム欠乏症：症状は新葉や下位葉に現れ、展開中の新葉の先端部分が褐変・枯死します。

露地アスパラガスの栽培

アスパラガス（ユリ科）

難易度
3.5

図61 アスパラガスの生育

●地域別の作型について

冷涼地、中間地の播種期は、4～5月で、暖地の播種期は、3～4月です。

１年目の管理

●畑の準備

畑の設定をする場合に、植え付けますと長く栽培することができる野菜で、まず、排水がよい畑で、地下水が低く、地表面から５０cm以下の水位が必要で、礫などが少なくて、耕土が４０cm以上あり。そして、かん水ができる畑を選びます。風当たりが強ければ防風対策をします。

アスパラガスは根域が広いため、排水性と保水性の両方を兼ね備えた土壌に、植え付け前に大量の有機物を深さ４０cmくらいまで入れてよく土と混ぜておきます。そのときに、１年目の畑には堆肥を３坪当たり１００kgくらいと多く入れ、苦土石灰で酸度調整して、pH６.５にします。アスパラガスは長期栽培の野菜ですから、堆肥として牛糞堆きゅう肥を用います。３坪当たり、元肥の量は化成肥料（8-8-8）を２～３kg入れます。

●畝作り

畝を作る場合に、作業性や受光態勢を考えて、畝を作ります。畝と畝の間の幅は１８０〜２００ｃｍとし、畝幅は８０ｃｍで、畝の高さは３０ｃｍのカマボコ型にします。植え付けは１条植えとし、株間を４０ｃｍにします。植え付け後の地温を確保するためにグリーンマルチを張ります。栽植本数は３坪当たり１８株くらいになります。

●育苗

育苗は自家育苗とセル苗を購入して作るポット育苗の方法があります。

セルトレーで行う場合、７２穴を用います。育苗日数が８０〜９０日です。ポリポットの育苗では、発芽を２００穴のセルトレーで行い、発芽後に分けつ茎が２本程度になれば９ｃｍのポットに移植します。分けつが３本以上で、草丈が３０ｃｍ以上になれば畑に植え付けをします。

播種に必要な種子量は３坪当たり約３０粒程度です。

種子は硬実種子であるため、温水に１日程度漬けて種皮を軟らかくしてから播種しますと発芽がよくなります。１穴に１粒播きが基本で、覆土は１〜２ｃｍにします。発芽適温は２５〜３０℃と高くセットします。低い地温の２０℃では発芽するまで１５日程度かかります。

播種後、発芽まではべた掛け資材やトンネル被覆をして、地温を確保します。発芽後の気温は１８〜２３℃で管理をします。

１２８穴のセルトレーの場合、育苗日数が３０日を過ぎたら、植え付ける畑の気温，地温と同じ温度に馴らしておきます。

セルトレーの培土の表面が乾いたら頭上からかん水を行ないますが、その際に、茎葉が倒れないように、水圧を弱くして行ないます。

１年育成した苗を販売しています。育苗より購入苗をお勧めします。

●植え付け

苗選びは、草丈が３０ｃｍ以上のもので、分けつ茎が主茎の長さより優っているものを選びます。

植え付けを行う場合、最高気温が１５℃以上（晩霜の恐れがなくなったら植え付け可能）で、地温が最低１０℃以上あれば植え付け可能です。

植え方は極端な浅植えや深植えは、根付きの不良や欠株の原因となります。根の生え際から５ｃｍくらいまで覆土をします。

植え付け後の根付きの判断として、次々と新しい芽が萌芽して、茎径の太さが、萌芽する順に太くなり、草丈の高さは萌芽する順に高くなっていきます。根付きの不良があれば、1か月以内に植え替えをします。

●植え付け後の管理（株養成）

かん水は定期的な降雨（7〜10日間隔）がある場合は必要ありませんが、土壌が乾いているようであれば、必要に応じてかん水をします。

雑草対策では、植え付け後の除草剤は基本的に使用しないです。マルチ穴部分の雑草は、随時、手で取り除きます。通路も除草をします。

倒伏防止は、露地において強風による倒伏の危険が高くなるので、フラワーネットやひもを用い倒伏防止対策をします。

茎葉処理は植え付けから1か月程度経過すると、茎葉の増加につれて株元に細い茎葉が伸びて混み合ってきます。そのまま放置すると、日当たりが悪く、ムレて斑点病、茎枯病などの発生源となるため、軟弱で倒れた細茎は地際から刈り取って処分をします。刈り取った茎葉は必ず畑の外へ持ち出して処分します。

越冬前の茎葉刈り取りは11月下旬〜12月上旬になり、茎葉の70〜80％以上の黄化を確認後に刈り取ります。できるだけ地際から刈り取り、刈り残しの茎を残さないように残渣は必ず処分します。その刈り取った株元を殺菌しておきます。

2年目の管理

●施肥

前年のマルチを除去し、堆肥を3坪当たり、20kgを通路に散布し、苦土石灰を1kg入れ、通路を軽く耕耘し土と混和をします。堆肥として牛糞堆きゅう肥を用います。

春肥を萌芽前に行います。施肥量は化成肥料（8-8-8）を3坪当たり2.5〜3kgとし、通路の部分に施し、軽く土壌混和をします。

追肥として、夏芽の収穫が開始されたら、2週間に1回の間隔で9月上旬まで追肥を行います。1回に施す施肥量は3坪当たり化成肥料（8-8-8）で300gとし、通路に追肥を撒き、軽く中耕をします。

●春芽の収穫

収穫する長さは、萌芽してきた春芽を、27cmの長さで収穫します。

　収穫期間は、収穫初年目であるため、株を養成する必要がありますので、１週間程度の収穫で打ち切り、直ちに立茎を開始します。

●立茎

　立茎栽培とは、均一な茎を数本立てて擬葉（細い葉）を繁らせることで、養分を蓄積させながら、その後に萌芽してくる若芽を収穫する方法です。

　立茎に望ましい茎を選び、効率よく養分を蓄積させることが収量確保の鍵となります。

　萌芽始め（立茎始め）から、なるべく早く（３０日以内が目安）太さの揃った茎を立て、立茎を完成させます。

●立茎の選定基準

・１０〜１５㎜の茎（単三乾電池くらいの太さ）。

・まっすぐ伸びている茎。

・傷や割れのない茎。

　立茎本数は１株あたり４〜５本を選定して残します。立茎位置は５〜１０ｃｍの間隔で、なるべく離れるようにします。

　立茎肥は春芽収穫終了後に立茎作業開始時に、肥料を施します。施肥量は３坪当たり化成肥料(8-8-8)を１.５ｋｇとし、通路に施して、５〜１０ｃｍの深さで中耕します。深くすると、根に傷が付くので注意が必要です。

　中耕・培土は立茎肥施用時や倒伏防止を兼ねて７月下旬までを目安に２〜３回通路に行います。

　立茎中の収穫は、立茎条件に適さなかった茎などは２７ｃｍで収穫するか、または取り除きます。

●夏芽収穫

　収穫は、立茎が完成したら、その後萌芽してくる茎を順次収穫していきます。

　かん水は、立茎〜収穫中で、降雨量が少なく、土壌が乾燥している場合には、土壌の状態を確認しながら、かん水をしますと萌芽の勢いがよくなります。かん水は午前中に行ないます。

　追肥は、夏芽収穫開始から１０〜１４日間の間隔で、追肥を開始します。

　追肥量は化成肥料（8-8-8）で３坪当たり２５０〜５００ｇとし、通路の地表部

に施用します。

　特に、気温の上昇に合わせてかん水量が増大してからは、擬葉の色や伸び方、親茎の草形や色、節間の間隔などを観察し追肥量を加減していきます。

　８月末が最終の追肥となります。いつまでも追肥をしていると生育がいつまでも旺盛となり、なかなか枯れなくなります。

　摘芯は基本的に必要ないですが、草丈が伸びすぎて枝先が倒れてきたら、草丈１５０～１６０cmを目安に摘芯をします。

　整枝は、収穫に支障を起こさないよう、通路に伸びた枝を刈り払います。

　下枝かきは、採光性や風通しをよくするため、下枝を４０～５０cmの高さまで刈り取ります。

　収穫打ち切り後の管理と越冬準備として、新しい萌芽が無くなる９月上旬まで収穫し、収穫終了後は１年目と同様の管理をします。

●主な病気

　立枯病、茎枯病、

●主な害虫

　アブラムシ類、ジュウシホシクビナガハムシ、オオタバコガ、ハスモンヨトウ、ヨトウムシ、アザミウマ類、カメムシ類

ちょっと知識

茎枯病

　茎枯病は茎および枝に発生します。最初は茎に紡錘形の暗褐色の病斑を作り、その後に病斑が拡大し、病斑の中央部は淡褐色となり、その病斑の上に小黒点粒を多数形成します。病斑の出来る部位は茎と枝の分岐点近くに多く発生します。

　発病茎は病斑から上の枝の部分が枯死したり、折れたりします。多発しますとすべての茎が早期に枯れこむため、根の養成が不十分となり、株はしだいに衰弱して、細い茎立になり、次第に草勢が衰えて、最終的には枯死株となります。

葉菜類

ブロッコリー(アブラナ科)
ブロッコリーの栽培

難易度
3

図62　ブロッコリーの畑

●地域別の作型について

　冷涼地の播種期は、3〜4月と6〜7月、中間地の播種期は、1〜3月と7〜8月、暖地の播種期は、1〜2月、8〜9月となります。品種によって多少異なります。

●特性

　ブロッコリーの原産地は地中海沿岸で、明治時代に日本に入ってきた野菜です。健康ブームで普及をしました。連作障害があり、1度作付けをしたら2〜3年は畑を空ける必要があります。生育の適正酸度はpH6.0〜6.5です。発芽適温は15〜30℃で、生育適温は15〜20℃です。

●畑の準備

　畑が酸性であれば、石灰を多めに入れて、中性に近くする必要があります。酸性土壌では根こぶ病が発生しやすいです。

　植え付け2週間前に苦土石灰を1kg入れ、堆肥を20kg入れます。ブロッコリーは栽培を通して肥効がありますので、堆肥として豚糞堆きゅう肥を用います。総施肥量は3坪当たり化成肥料（8-8-8）が3kgで、元肥としては3坪当たり化成肥料（8-8-8）を2.2kg入れて、よく土壌と馴染ませます。

畝作りは、畝幅は６０㎝で、高さ１０㎝とします。株間は３５～４０㎝の１条植えにします。３坪の畑では、２畝が出来て、３０株程度が植えられます。

●播種

　１２８穴のセルトレーを用い、培土（市販のもの）を詰めてよくかん水をします。１穴に１粒播きをします。播種した後にかん水をし、新聞紙などで覆って乾燥しないようにします。

●育苗

　発芽したら、新聞紙を取り除き光線をよく与え、徒長を防ぎます。かん水の注意として、かん水は朝に行い、夕方はできるだけ控えます。夕方に多くの水分を与えてしまうと、夜温の高い時期ですと徒長した苗になってしまいます。育苗期間は２５～３０日くらいで、本葉が４枚になれば植え付けとなります。

●植え付け

　畝に十分な水分を与えます。雨が降れば十分に湿りますが、雨が降らなければ畝にかん水をして湿らせます。

　植え付け前にセルトレーの苗に十分な水を与えておきます。そして、植え穴に株間３５～４０㎝で植えます。植え付け後に乾燥しますと根付きが遅れてしまいますので、かん水をして根付きをよくします。

●追肥

　植え付け後に２～３週間経過したら、１回目の追肥を行います。中耕を兼ねて畝の肩あたりに肥料を撒き、土と一緒に株元へ寄せます。ブロッコリーは倒れやすいので、株元に十分な土寄せをします。その後、２～３週間経過したら２回目の追肥を行います。追肥は畝間に施します。１回に施す肥料は、３坪当たり化成肥料（8-8-8）を４００ｇ施します。

●収穫

　植え付けしてから、２か月余りで、花蕾が１５㎝程度の大きさになりましたら、収穫をします。側花蕾が発生したら、順次に側花蕾を収穫します。

●病害虫

軟腐病、黒腐病、黒斑細菌病、べと病、根こぶ病、

●主な害虫

モンシロチョウ、タマナギンウワバ、ハスモンヨトウ、コナガ、ハイマダラノメイガ、アブラムシ類、オンブバッタ、

ちょっと知識

ブロッコリーのビタミンＣ

　ブロッコリーには以前からビタミンＣが多く含まれて言われます。野菜のなかでもトップクラスの含有量です。ブロッコリーを 100g 食べれば、約 140mg のビタミンＣ含まれていて、１日に必要な量のビタミンＣを補給することができます。果物のなかでビタミンＣが多いと言われている、柿やグリーンキウイと比べて２倍ほどの量が含まれています。ビタミンＣは熱に壊れやすく、水に流れ出てしまう性質があるため、ゆでるより電子レンジで加熱するほうがビタミンＣの損失を少なくします。免疫力のアップのために欠かせない栄養素のビタミンＣをブロッコリーで摂取し、感染症が流行りやすい冬の時季を乗り越えましょう。また、ブロッコリーには食物繊維の量も野菜の中で上位に位置します。他の野菜の 100g あたりの食物繊維は１〜 3g 程度ですが、ブロッコリーには 5.1g も含まれています。食物繊維は腸内環境を整えて、健康維持に欠かせない役割があります。便秘が気になる方や、血糖値や血圧が気になる方にもお勧めできる野菜の１つです。

カリフラワー（アブラナ科）
カリフラワーの栽培

難易度
3.5

●地域別の作型について

　冷涼地の播種期は、3〜4月と6〜7月、中間地の播種期は、1〜3月と7〜8月、暖地の播種期は、1〜2月と8〜9月となります。

●特性

　原産地は地中海沿岸で、明治時代に日本に入ってきました。ブロッコリーの突然変異と言われています。軽い連作障害があります。発芽適温は15〜30℃で、生育適温は15〜20℃と冷涼な気候を好みます。

　カリフラワーはブロッコリーの仲間で、花蕾の色が白くなるのが特徴です。花蕾の色に

図63　収穫適期

は、白色が一般的ですが、他に黄色、オレンジ色、紫色などもあります。栽培する土壌の酸度はpH6.0〜6.5が最適な酸度で、過湿に弱いので、水はけの良い畑を選ぶことは大切です。植える株間はブロッコリーより広く40cm程度にします。花蕾に日光が当たりますと白くならずに汚い黄色になりますので、直射日光が当たらないように注意します。春播き夏どりと夏播き秋冬どりの年2回の栽培が出来ます。

●畑の準備

　畑は排水性と保水性のよい肥沃な土壌を選び、植え付け2週間前に堆肥を3坪当たり20kg入れ、苦土石灰も1kg入れてよく土と馴染ませます。カリフラワーは栽培を通して肥効が高いので、堆肥として豚糞堆きゅう肥を用います。元肥として3坪当たり化成肥料（8-8-8）を2kg入れます。栽培を通して肥料が効くようにします。リン酸が不足して、窒素過多になりますと、茎葉ばかりが茂って花蕾が出来にくくなります。植える畝の幅が60cmで、少し高めの10〜15cmの畝を作ります。3坪の畑では、2畝が作れます。30株程度が植えられます。

●育苗

　育苗は１２８穴のセルトレーを用い、市販の培土を詰めて、１穴に１粒を播種します。播種後に覆土をして、十分なかん水を行い、新聞紙で覆います。発芽を確認したら、新聞紙を取り除き、日光を充分に当てます。このときに高温にならないよう注意します。夕方にかん水を多く行いますと徒長の苗になりますので、かん水は朝に行います。本葉が４枚程度まで育苗管理をします。

●植え付け

　本葉が４枚になったら畑に植え付けをします。植え付けをする前にセルトレーの苗にたっぷりとかん水をします。株間を４０cm程度にして、混まないようにします。植えた後にかん水を行って根付きを促します。

●植え付け後の管理

　植え付けして根付きをしましたら、植え付け後２週間くらい経過したら追肥をし、その時に合わせて除草を兼ねて土寄せをします。カリフラワーもブロッコリー同様に倒れないよう土寄せをします。１回目の追肥後３〜４週間経過して生育が悪い場合には追肥を行います。１回に与える追肥の量は３坪当たり化成肥料（8-8-8）で３００ｇ程度とします。

　主枝の頂部に花蕾が見え始めたら、直射日光が花蕾に当たらないよう外葉を束ねて花蕾を保護します。

●収穫

　花蕾の大きさが１５〜２０cmになったら、花蕾の下の茎を包丁で切って収穫をします。収穫時に花蕾の下に葉が５枚程度残して切り取ります。収穫が遅れますと、花蕾の表面に隙間ができて、食味も落ちます。

●主な病気

　軟腐病、黒腐病、黒斑細菌病、べと病、根こぶ病、

●主な害虫

　モンシロチョウ、タマナギンウワバ、ハスモンヨトウ、コナガ、ハイマダラノメイガ、アブラムシ類、オンブバッタ、

セロリの栽培

葉菜類

図64 セロリの生育状況

●地域別の作型について

　露地栽培では、５～６月に播種をします。

●特性

　セロリは地中海沿岸が原産地で、香味野菜の１つです。生育の適正酸度はpH６.０
～６.５です。発芽適温は１５～２０℃と低いです。セロリは乾燥に弱いので、特に、
夏の栽培期にはたっぷりと水を与えて欲しいです。連作障害があり、２年くらいは畑
を空けた方がよいです。

●畑の準備

　生育適温が１５～２０℃と冷涼な気候を好みます。土壌は中性から弱酸性が適しま
す。比較的水持ちのよい畑を選びます。植え付け２週間前に、３坪当たり、堆肥を
２０～３０kg入れ、苦土石灰も３坪当たり１kg程度入れてよく土と馴染ませます。
セロリは栽培期間が長いので、堆肥として豚糞堆きゅう肥を用います。元肥として、
３坪当たり、化成肥料（８-８-８）を２.５kg入れてよく土と馴染ませます。畝幅は
６０～７０cmとして、畝の高さは２０cmと高めにします。株間は３０～３５cmに

取ります。黒マルチを張り、乾燥を防ぎます。

●育苗

セロリの種子の発芽適温は１５～２０℃で、発芽するまでに１０～２０日かかります。種子は好光性で、深く播種しますと発芽しないことがあります。播種箱に市販の培土を詰めて、３～５cmの条播きをして、軽く覆土をします。乾燥を防ぐために新聞紙で覆います。１０日して５０～６０％の発芽があれば新聞紙を除去し、その後にかん水をします。

●移植

１回目の移植は本葉が２～３枚になった段階で、株間９cm、条間９cmを目安に移植します。移植後にかん水をして根付きをさせます。

２回目の移植は本葉が６～７枚になれば、植え替えをします。株間１５cm、条間１５cmを目安に移植します。本葉が１０～１２枚まで育てます。

移植床の幅は１２０cmとします。

●植え付け

植え付け準備は１ヶ月前までに終了させます。マルチを張る前に畝に十分なかん水を行います。

本葉が１０～１２枚まで育った苗を株間４０cm、条間６０cmの２条植えとします。根付きまで４～５日かかりますので、根付きを促すために株元かん水をします。乾燥させますと心腐れが発生しやすくなります。

●植え付け後の管理

根付き後のかん水は株張りを良くするために控えます。かん水の間隔は５～６日とします。植え付け後５０日ころから節間伸長期に入りますので、吸水量が多くなるため３～４日の間隔でかん水をします。

●追肥

植え付け後、根付いたら１回目の追肥を行い、その後１０日ごとに２回目、３回目と行い計３回の追肥を行います。追肥は収穫前３０日までとします。１回に施す肥料は、３坪当たりに化成肥料（8-8-8）で２００ｇを与えます。

肥料切れになりますと、生長が止まりますので注意します。

●脇芽と下葉除去

脇芽と下葉除去は植え付け後１ヶ月経過したら１回目の脇芽と病葉、枯葉の除去を行い、２回目は植え付け後５０〜６０日に外葉を傷めないように、脇芽と古葉を除去します。除去後には病気の予防のために殺菌剤を散布します。

●被覆時期

ビニール被覆は日中の気温が１５℃で夜間気温が５℃まで下がれば被覆をして管理します。日中のビニール被覆内の気温が２５℃以上にならないよう換気をします。２５℃以上になりますと生育が抑えられます。夜間の気温は５℃以下にならないように管理します。被覆後に急激に葉柄が立ってきますと徒長株になるため、昼夜とも換気を行いて徒長を防ぎます。

●ジベレリン処理

増収と外観の品質を良くするためにジベレリン処理を行います。効果は気温によって左右されます。

処理方法は収穫前１５〜２０日に濃度が５０〜７０ｐｐｍの溶液を１株当たり５〜７ｃｃ散布します。

●収穫

播種後１６０〜１８０日で収穫となります。収穫直前のかん水は控えます。１株重が１.５〜２ｋｇの目安で収穫をします。気温が下がりすぎますと、花が咲き始めて、茎葉が硬くなり品質の低下に繋がります。

●主な病気

軟腐病、芯腐れ病、立枯病、萎黄病、黄化病、葉枯病、

●主な害虫

アブラムシ類、ハモグリバエ類、ハダニ、ヨトウムシ、

ホウレンソウ（ヒユ科）

ホウレンソウの栽培

図65　収穫適期

●地域別の作型について

　ホウレンソウは品種の分化が進んでいて、それぞれの季節に対応する品種があります。周年栽培が可能です。

●特性

　ホウレンソウの原産地は中央アジアです。東洋種と西洋種があり、現在では両方の特性を生かした品種になっています。種子も丸種と針種があります。夏の暑さには弱いですが、冬の耐寒性が強く秋播きとして使われています。春と秋に播種するのが一般的です。発芽適温と生育適温は１５～２０℃で、冷涼な気候を好みます。生育の適正酸度は pH６.５～７.０です。軽い連作障害があります。

●畑の準備

　土壌の適応性は広く、火山灰土から沖積土壌まで幅広く栽培することができますが、堆肥などを入れて肥沃にする必要があります。ホウレンソウは一般に、酸性土壌には弱いので、pH を６.５以上に調整します。また、根が深く張るので、肥料を入れて深く耕します。堆肥は３坪当たり２０kg 入れ、苦土石灰を３坪当たり１.５kg 入れて

よく土と馴染ませます。ホウレンソウは栽培期間が短いので、堆肥として鶏糞堆きゅう肥を用います。元肥として化成肥料（8-8-8）を３坪当たり１.８kg入れてよく馴染ませます。

●播種

条間１５〜２０cm、株間を３〜５cmとしますが、気温の高い時期には７cmと広く株間をとります。水田や排水不良の畑では高畝とします。すじ播きをし、播種した後は鎮圧をします。播く前には、畝にかん水して、適度に湿らせたところに播種します。播種した後には、チューブで散水するとよく発芽します。

●管理

ホウレンソウは全般に水に弱い作物であるから、生育中期にはかん水を控えます。本葉が５枚くらいになったら、軽く追肥をします。また、乾燥がひどいときには軽くかん水をして、萎れないように管理します。ホウレンソウは１０月下旬以降の低温期になりますと、伸長性がやや劣りますので、低温期には収穫が少し遅れてきます。低温期には低温伸張性のある品種を使います。露地栽培で１２月になれば、被覆資材のべたかけをお勧めします。

●間引きと追肥

子葉が展開して、本葉が少し見えた頃が１回目の間引きとなります。２回目の間引きは本葉が３〜４枚になった時点で行います。条播きの場合はこのときに株間を決めます。低温期の栽培では４cmで、温度が比較的高い時期の株間は７cmとします。２回目の間引きをしたときに、葉色が淡く、生育が遅れている場合には条間に追肥をします。追肥の量は３坪当たり化成肥料（8-8-8）を１００g程度施します。液肥でもよいです。

●収穫

生育をみて、２０〜２５cmの草丈になれば収穫します。９月播きでは気温も高いので、生育がよすぎて収穫が早まる場合がありますので、収穫適期を心がけます。

●病害虫防除

病気はベト病に注意します。気温が下がり湿度が高い場合にベト病は発生しやすくなります。トンネル栽培や被覆資材のべたかけには特に発生が多くなります。本葉２

葉菜類

～４枚の時にベト病の予防をします。

　害虫では、ケナガコナダニなどのダニ類の防除をお願いします。若い葉が萎縮していれば、ダニ類の発生と考えます。予防が必要です。

●ホウレンソウ作りの注意点

　ホウレンソウは深根性であり、根は８０ｃｍも深く張る性質を持っています。根が深く張れないと葉肉が薄くおいしくありません。耕土はできるだけ深くするよう耕します。有機物などを多く入れて土壌を軟らかく（団粒構造）して、根がよく張れるようにします。

　ホウレンソウは酸性土壌を嫌います。土壌検査をして、酸度が６以下の方は調整が必要になってきます。苦土石灰や消石灰などで調整します。思ったより多く必要となります。酸度が５.５以下ではホウレンソウは生育不良になります。生育途中で葉が黄化してくれば、酸度は６以下になっている場合が多いです。

●主な病気

　ウイルス病、斑点細菌病、斑点病、褐斑病、炭疽病、べと病、萎凋病、株腐病、
　立枯病、根腐病、疫病、

●主な害虫

　シロオビノメイガ、ヨトウムシ類、ネキリムシ類、アブラムシ類、アザミウマ類、
　オンブバッタ、ヤサイゾウムシ、

ちょっと知識

ホウレンソウのカップリングとべと病

　カップリングはホウ素の過剰、欠乏の両方で発生が見られます。過剰の場合の症状は、上位葉、芯葉の葉縁の展開が阻害されるため、上向きに巻き込むカップリングと呼ばれる症状を示します。葉縁部から枯死することもあります。ホウ素欠乏の症状は、上位葉の展開が抑制されるカップリング症状や黄化を示します。

　べと病は葉に発生します。子葉あるいは本葉の表面に青白色ないし黄色の境界不鮮明な小斑点を生じ、次第に拡大して淡黄色ないし淡紅色不整形の病斑となります。さらに進行しますと、葉の大部分が淡黄色になって、枯死します。葉の裏面の病斑には、ネズミ色ないし灰紫色粉状のかび（胞子）を生じます。展開した下位葉に発生することが多いです。

ニラの栽培

●地域別の作型について

ニラは、3～5月に播種をします。

●特性

ニラの原産地は中国で、日本には古く弥生時代に入っています。多年草の野菜です。ニラは水に敏感で、過湿に弱くて干ばつにも弱い野菜です。温度に対しては比較的鈍感で、高温にも低温にも耐性があります。茎葉の最適生育温度は16～23℃で、5℃以下では生育が停止します。40℃以上の高温では、葉先が湾曲し、葉焼けを生じます。根は浅く張り、酸素供給量の高い野菜です。排水不良な畑では、湿害を受けやすくなります。土壌の最適酸度はpH6.0

図66 ニラの収穫物

～6.5で、強い酸性土壌では生育が抑えられます。軽い連作障害があります。

●育苗

苗床の土壌は、酸度を6.5前後に矯正して、3坪の畑にニラを栽培するには、苗床として、1㎡が必要となります。1㎡当たりに堆肥を2kg入れ、化成肥料（8-8-8）を250gくらいとします。

苗床に10cm間隔の条播きとし、1～1.5cm間隔で点播きをします。1㎡の床には1mで8条できて、1条に種子70粒くらい播種します。発芽の適温は20℃前後で管理をします。発芽までは15日前後かかり、発芽後は徒長に注意します。本葉が2～3葉まで育苗をします。

●畑の準備

畑を選ぶとき、ニラは過湿に弱く、夏の高温や干ばつにも弱いので、水はけのよい畑に堆肥を20～30kg入れ、苦土石灰を3坪当たりに1kg入れて土と馴染ませます。ニラは長期栽培をしますので、堆肥として牛糞堆きゅう肥を用います。酸性土壌

では生育不良となり、葉先枯れが起こるので、酸度は６．５以上に石灰で矯正をします。

　施肥をする場合、ニラは養分吸収量の高い野菜に属します。特に、窒素とカリの吸収量が多いが、石灰の吸収はそれほど多くありません。気温が上がるにつれて、肥効率は高くなっていきます。

　植え付けから収穫までの期間が長いため、元肥より追肥に重点をおく施肥となります。元肥は緩効性肥料を主体に畑全面に施します。

　元肥は３坪当たり、植え付け年は化成肥料（8-8-8）を２．５kgとし、２年目以降も同様に化成肥料（8-8-8）を２．５kg入れます。

●植え付け準備

　植え付けの条間は３５cmとして、株間を２０cmで、畝を作らずに平床で植え付けをします。マルチをして、地温を上げることで生育がよくなり、収穫が早まります。

●植え付け

　苗の大きさは草丈が２０～２５cmで、２～３本分けつしたものを用います。株間を１５～２０cmで、深さ１０cmに５～６本まとめて植え、軽く覆土をし、株元が隠れる程度の鎮圧をします。草勢の強い苗の場合には、葉の長さを１５cmくらいで切りそろえて植えます。３坪の畑では、５mの長さで５条植えることになります。３坪の畑で約１２５か所に植えられます。植えた後には十分なかん水をします。

●追肥

　植え付けて、本葉が１０枚程度に生育したら、１回目の追肥をします。追肥の量は３坪当たり、化成肥料（8-8-8）で２５０～３００ｇとします。追肥の後に軽く土寄せを行います。２回目の追肥は２０日後に行います。その後、収穫ごとに追肥を行います。

●かん水

　乾燥をしすぎますと生育不良となりますので、乾燥したら十分なかん水をします。常に、土壌の表面の乾きに注意します。

●花茎の摘み取り

　７月頃になりますと、花茎のとう立ちが起こります。花が咲きますと、株が弱りま

すので、蕾が着いた時点で茎を5～6cm残して早めに摘みます。

●株分け更新

　3年間も収穫をしていますと、株が混み合ってきます。収穫する葉も細くなりますので、株分けを行います。掘り起こして、3～5芽を纏めて植え穴に植えます。冬は休眠に入っていて作業がしやすく、春先に行います。植えたらすぐに芽が出始めます。植えてから5cm程度に切り揃えます。

●収穫

　草丈が20～25cmまで生育しましたら、株元の部分を3～4cm残して刈り取ります。収穫後には追肥をします。

●主な病気

　萎縮病、さび病、

●主な害虫

　アブラムシ類、アザミウマ類、ネダニ、

ちょっと知識

ニラには強い独特な匂い

　ニラには独特な強い匂いがあります。その成分が硫化アリルの一種のアリシンと呼ばれる成分です。アリシンはニンニクやネギ類に共通して含まれる成分で強い殺菌作用を持っています。また、アリシンには疲労回復をさせるビタミンB1の吸収を高める効果が期待できます。胃液の分泌や発汗など代謝を良くするという働きもあります。ニラを多く食べることにより冷え性や神経痛などの改善にも効果があります。

シュンギク（春菊）の栽培

難易度 2

●地域別の作型について

　シュンギクは３〜４月播きと９月播きがあります。春播きは抽苔に注意します。

●特性

　シュンギクはヨーロッパ原産の野菜で、１５〜２０℃の冷涼な気候が適しますが、暑さ、寒さの両方にも強いです。６月下旬には抽苔が起こり、収穫出来な

図67　シュンギクの収穫物

くなります。播種期は春と秋の２回あり、秋播きの方が管理し易いです。土壌の酸度はpH６.０〜６.５で、軽い連作障害があり、輪作を勧めます。

●畑の準備

　畑に堆肥を３坪当たり２０kg入れ、苦土石灰も１kg入れてよく土と馴染ませます。シュンギクは長期収穫をしますので、堆肥として豚糞堆きゅう肥を用います。土壌酸度はpH６.０〜６.５に調整します。元肥は３坪当たり化成肥料（8-8-8）で、１.８kg入れます。シュンギクは肥料が必要となりますので十分に施します。

●播種

　シュンギクの播種は２回あり、３月中旬から４月中旬と９月とあります。育て易いのは秋播きです。

　直播の場合、播種は条間を２０〜３０cmとり、条播きをします。発芽の時に光が必要な好光性種子なので、覆土は薄くして、しっかり鎮圧をし、発芽を揃えます。発芽して生育してきたら、１５cm株間で間引きを行います。

　比較的気温の低い春播きでは、ポットで育苗してから畑に植え付けます。９cmポリポットに培土を詰め、種子を数粒播き、発芽してきたら１、２株にして、最終的には１株にします。ポリポットで本葉が４〜５枚になれば畑に植え付けます。
ポット苗で植え付けたら、株元に軽くかん水を行って根付きを促します。

●中耕・追肥

本葉が伸びて大きくなってきたら、中耕を行って、株元に土を寄せます。その時に、追肥も行います。それ以降、2週間に1回のペースで追肥を行います。

追肥の化成肥料（8-8-8）の量は250gします。

●かん水

シュンギクは多くの水分を必要としますので、畑の表面が乾いてきますと、生育が弱くなり、側枝の発生も遅れてきます。土壌表面が乾いてきたら、かん水を行ないます。

●摘心・収穫

草丈が20cm近くになれば、下葉を5枚程度残して、主枝を摘みます。主枝を摘むことにより、側枝が次々と発生して伸びてきます。伸びてきた側枝を20cmの長さで摘みますが、摘むときに2節くらい残して摘みます。残した節から新しい脇芽が伸び、次の収穫物となります。

収穫となる枝は本葉が7～8枚で、長さは20cm以上のものになります。

●主な病気

ウイルス病、炭疽病、さび病、べと病、黒斑病、葉枯病、

●主な害虫

アブラムシ類、ヨトウムシ類、ハモグリバエ類、アザミウマ類、オオタバコガ、

ちょっと知識

シュンギクの鍋料理

シュンギクは冬になりますと鍋料理で口に入る野菜です。独特な香りがあり、香りを嗅ぎますと体に良いと感じます。シュンギクは皮膚や粘膜の健康を維持すると言われているβ-カロテンやビタミンCなどと、骨の形成に関わるカルシウムや鉄などのミネラルが多く含まれています。シュンギクと言えば、持っている栄養成分が免疫力を高め、自律神経を整える働きを持っています。鍋料理以外にも使って欲しい野菜です。

モロヘイヤの栽培

難易度
2

図 68　モロヘイヤの生育状況

●地域別の作型について

　モロヘイヤの播種期は、４〜５月になります。

●特性

　モロヘイヤの原産地はインドの西部です。高温性の野菜で、低温にはすごく弱く、霜が降りると枯れてしまいます。長期収穫をするには、肥料切れを起こさないよう追肥をよく行います。栄養価が高く、カルシウム、ビタミンＡ、Ｅ、カリウムが豊富に含まれています。病害虫は少ない野菜ですが、コガネムシ、ハダニには注意します。連作障害の発生は少ないです。発芽適温は２５℃で、生育適温は２５〜３０℃です。生育の適正酸度は pH ５．５〜６．５です。

●栽培期間

　低温に弱い野菜ですから、４〜１０月での露地栽培ができます。生育適温は２５〜３０℃で、１５℃以下になりますと生育が悪くなります。また、１３時間以下の日長時間において花芽が出来て、開花してしまいます。開花しますと収量や品質が低下します。日長時間にも注意した栽培期間を考える必要があります。

　日長が１３時間以上は、関東では４月下旬から９月上旬となります。

189

●畑の準備

畑は排水のよい肥沃な土壌を選びます。土壌の酸度は pH５.５〜６.５が適しています。

モロヘイヤは吸肥力が強く、水分要求量も多い野菜です。畑には堆肥を３坪当たり２０kg くらい入れ、苦土石灰も１kg 入れてよく土と馴染ませます。モロヘイヤは収穫期間が長いので、堆肥として牛糞堆きゅう肥を用います。元肥は緩効性肥料を使用し、３坪当たり、化成肥料（８-８-８）を１.３kg 入れてよく耕耘して土と馴染ませます。

●育苗と植え付け

低温の時期では、直播ができませんので、セルトレーで育苗して苗を作ります。１２８穴のセルトレーを用い、市販の培土を詰め、１穴に１〜２粒播種します。発芽温度は高く２５〜３０℃とし、発芽までに３〜６日かかります。発芽後の育苗管理の温度は２０℃程度とします。育苗期間は２５日くらいで、本葉が６〜７枚までの苗にします。

露地での植え付けは、５月中旬からとなります。地温が上昇しないと植え付けができませんので注意します。

５月中旬になれば直播もできます。

●栽植方法

昔の栽培では、畝間を１５０cm と広くし、株間も４０〜５０cm としていましたが、最近の栽培は密植する方法に変わりました。畝幅は７５cm 程度の２条植えの条間５０cm で、株間を２０cm と狭くします。通路幅も４５cm とします。３坪当たりの栽植本数も約８０本と昔の栽培の３倍近く植えます。

３坪当たり、１畝で、５m の畝に２５株植え付けられます。

●植え付け方

畝に植え付けする場合に、鉢土の表面と畝の表面が同じにします。深く植えることはしません。植え付け後に必ず株元に軽くかん水します。晴天が続きますと、植え付けをした鉢土の部分が乾燥しますと根付きが大きく遅れますし、生育が悪くなりますと枯れてしまいます。株元かん水は３回くらい行います。植え付け後の管理が大切です。

●栽培管理

主枝の草丈が５０cm程度までに生育したら、株元から２０cmのところで摘心します。摘心して収穫をします。側枝が発生したら、伸ばして２節を残して摘みます。摘むときに、摘んだ枝が２０cm以上で収穫となります。

摘む際には、常に１〜２節を残して摘み収穫をします。

追肥は収穫が始まったら行います。追肥の化成肥料（8-8-8）の量は３坪当たり３００ｇとします。追肥が遅れますと、茎が赤みを帯びて、葉が硬くなります。窒素は葉肥と言われていますので、よく効かせて色のよい軟らかい葉を収穫します。また、水を切らせないように十分なかん水をします。土壌水分は多めを好むので、露地栽培においては、梅雨明け後の高温時には、水分を特に多く必要とします。乾燥がひどい場合には畝間かん水を積極的に行ないます。

生育が旺盛になり、収穫が遅れてきますと、過繁茂になり、通風、採光が悪くなり、新芽の発生が遅れます。収穫が遅れてしまった場合には、過繁茂にしないよう剪定をします。高温多湿の条件になりますと、「葉ぶくれ症」が発生します。

●主な病気

黒星病、ウドンコ病、灰色かび病、

●主な害虫

ハダニ類、アザミウマ類、アブラムシ類、ハスモンヨトウ、ネコブセンチュウ、

ちょっと知識

王様の野菜

エジプト原産地の「モロヘイヤ」は昭和の後半に日本で流通し始めました。アラビア語でモロヘイヤを「王様だけのもの」という意味を持っています。古代エジプトの伝説によりますと、難病を持っていた王様がモロヘイヤのスープを食べたところ、薬では治らなかった難病が治ったとの伝説から生まれたと言われています。

それほどの栄養価の高い野菜で、昔から重宝されていました。クレオパトラはモロヘイヤの愛好家であったと言われています。

シソの栽培

●地域別の作型について

シソの播種期は、4〜5月となります。

●特性

シソは中国のヒマラヤが原産地です。赤シソは梅干しやショウガの色漬付けに使われます。

シソは一年草の植物で、乾燥と低温には弱く、霜に当たると枯れてしまいます。シソの発芽適温は22℃前後で、生育適温は20〜25℃です。生育の適正酸度はpH6.0〜6.5と、土壌に対しての適応性がありますので、極端な酸性土壌以外でなければ十分に生育ができます。多湿を好む野菜ですから、保水性の高い畑で栽培します。

図69　収穫物

好光性種子なので発芽には光を必要とします。播種するときに覆土は薄くします。夏場の乾燥には注意して欲しいです。連作障害は比較的少なくて、1年くらい畑を空けます。

●畑の準備

保水性のよい土壌を選び、堆肥を3坪当たり20kg入れ、苦土石灰も1kg入れてよく土と馴染ませます。シソは比較的栽培期間の長いので、堆肥として牛糞堆きゅう肥を用います。元肥として、3坪当たり化成肥料（8-8-8）で1.8kgとします。

1条植えの場合の畝は幅が60cmで高さ10cm程度の平畝を作ります。

●播種

関東の平坦地においては、4月上旬から6月上旬です。シソは低温期に播種しますと、発芽が悪くなりますので、ある程度気温が上がってからの播種をします。気温が低い時期に播種したい場合には、ハウス内でセルトレーに播種して、苗を作り植え付

けをします。露地に直接播種する場合には、条播きと点播きがあります。点播きをする場合には、株間を３０cm程度として１穴に４～５粒の種子を播きます。セルトレーで苗を作った場合も同様に株間３０cmで植え付けをします。

　播種する場合に、光が必要になりますので、深さは５mm程度にし、覆土は薄くします。直播をしたら、必ず鎮圧をして発芽を揃えます。

　播種前に、シソの種子は種皮が硬いので、播種する前日に一昼夜水に浸けてから播種しますと発芽率が上がります。

　採種したばかりの種子は休眠が深いので、発芽はしません。

　セルトレーに播種したら、乾燥をしないように新聞紙で覆って発芽させます。発芽を確認したら、すぐに新聞紙を取り除きます。

　３坪の畑で、５mの畝が３本でき、５０株くらい作れます。

●植え付け

　ハウスで育苗して、本葉が４枚くらいに生育したら、畑に植えます。植え付け後に株元かん水をして根付きを促します。株元かん水は１度だけでなく、３～４回は行ないます。シソは水が好きですから、特にかん水をします。

●間引き

　露地で条播きをして、発芽が揃ったら１回目の間引きをします。生育の悪い株はハサミで切り取ります。子葉がぶつからないように間隔を開けます。さらに生育が進み、込み合ってきたら、２回目の間引きを行います。生育のよい株を残して、間引きをし、株間が３０～４０cmになるようにします。

●かん水

　活着してからのかん水は、畑の表面が乾かないようにかん水をします。他の野菜より少し多めに水分を与えます。特に夏場の高温期に水切れを起こしますと、生育が極端に悪くなるので注意します。

●追肥

　シソは生育期間が長いので、追肥が必要となります。収穫が始まったら追肥を行います。１回の追肥の化成肥料(8-8-8)は３坪当たり２５０～３００g程度とします。１０日間隔くらいで行います。

●収穫

　草丈が２０〜３０cmになれば主枝を摘んで、脇芽を発生させます。その脇芽が伸びてきたら収穫をします。摘み取る場合には、２節くらい残して摘むようにします。収穫は夏の終わりまで続きます。シソは短日になりますと花が咲き始めます。花を摘み取ったものを穂ジソとなります。

●主な病気

　さび病、青枯病、ウイルス病、褐斑病、

●主な害虫

　アブラムシ類、ハダニ、ハスモンヨトウ、ベニフキノメイガ、

ちょっと知識

好光性種子

　種子の発芽には光があった方がよい好光性種子と光がない方がよい嫌光性種子があります。普通、種子を発芽させるのには種子の直径の３倍の覆土をします。好光性種子の場合はその覆土が半分以下で十分となります。

　キク科、セリ科、シソ科の野菜に好光性種子が多いです。

パクチー（セリ科）
パクチー（コリアンダー）の栽培

難易度
2

●地域別の作型について

　冷涼地では、低温期に霜が降る時期での露地栽培は播種が出来ません。中間地、暖地では比較的気温も高いので播種の幅は広くなります。

●特性

　パクチーはセリ科の香味野菜で、最近、話題になっている野菜の１つです。原産地は地中海沿岸で、東南アジアなどで古くから料理に用いられています。日本でも最近は食卓に上がる野菜になってきました。栽培がしやすい野菜で、春と秋の２回栽培ができます。連作障害も出にくく、寒さに強くて０℃でも枯れない耐

図70　パクチーの収穫物

寒性があり、害虫の被害も少ないです。家庭菜園にはピッタリの野菜です。土壌酸度の適正も広くて、pH５.５～７.０となります。草丈も４０～６０cmと管理しやすいです。

●畑の準備

　栽培期間が短い野菜ですから、堆肥を３坪当たり１０～２０kg入れ、苦土石灰を１kg入れてよく土と馴染ませます。比較的栽培期間が短いので、堆肥として鶏糞堆きゅう肥を用います。元肥として、３坪当たり化成肥料（8-8-8）を１.３kg入れてよく土と馴染ませます。畝は根が直根型なので平床に播種しますが、畝を作って栽培をする場合は、畝幅が８０cmで、高さが１０cmの畝を作り、２条植えとなります。

●播種

　春作は３～４月に播き、秋作は９～１０月に播きます。低温性を持っていますので、周年の栽培も可能ですが、霜に合いますと枯れてしまいます。５～６月はセル科などで抽苔（花が咲く時期）をしますので、花が咲く時期は葉も増えず、次第に枯れていきますので、この時期を外して栽培をします。蕾が見えたら収穫をします。パクチーは香りの強いものや弱いものなどの品種が多くありますので、好みの品種を見つけて

栽培をします。一般的に栽培がしやすいのは９～１０月の朝夕の涼しい時期です。種皮が硬いので、発芽が悪くなりますので、種子を水に浸けて種皮を軟らかくしてから播種しますと、発芽がよくなります。播種方法は条播きをしますが、出来れば５cm間隔での点播きを勧めます。３坪の畑で、幅が２m、長さが５mとしますと、２畝が出来ます。パクチーが４条植えとなります。１植え穴に３～４粒の種子を播きます。パクチーは直根性の野菜ですから苗を作って植えることはしません。

●間引き

発芽してきましたら、間引きをして１植え穴に１株にします。間引きした小さな株はよく洗って根の付いたままで食べられます。さらに、生育してきましたら、間引きを行い株間１５～２０cmと広くします。

●追肥

株で収穫する場合には追肥をしません。葉を適宜収穫するときには、茶色が淡くなってきましたら、追肥を行います。

追肥量は３坪当たり化成肥料（8-8-8）を１５０g施します。

●収穫

草丈が２０～２５cm程度まで生育してきましたら、伸びた葉を順次摘んで収穫するか、株ごと抜き取って収穫をします。栽培期間が短い野菜ですから連作障害の出にくい野菜で、収穫したら播種するような連続栽培ができます。

５月ころになりますと、花を持ちますと葉が硬くなり、味が悪くなります。花が着いたら抜き取って、種子を播きます。

プランターで栽培をする際は、寒い時期には部屋にプランターを置きますと、長く収穫が出来ます。

●主な病気

斑点細菌病、ウイルス病、

●主な害虫

アブラムシ、ナメクジ、ハダニ、ヨトウムシ、

◎芋　類

　芋類は地下に塊根や塊茎を形成する野菜で、古くから作られている野菜です。

サトイモの畑（埼玉県）
埼玉県はサトイモの早出しの産地で、８月下旬ころから出荷されています。品種は石川早生をマルチ栽培で、早くから植え付けて収穫をしています。

サツマイモの栽培

●地域別の作型について

サツマイモの植え付け時期は、4〜6月です。

●特性

原産地は中央アメリカで、日本には江戸時代に入ってきました。痩せた土地でも栽培が出来る野菜です。連作障害もなく、同じ畑で毎年作ることが出来ます。

生育の適正酸度はpH5.5〜6.0です。サツマイモは根が変形したものです。芋の外見は一般的に紫色をしていて、肉質は黄色ですが、最近は紫色の肉質色もあります。肉質もねっとりとほくほくなど色々とあります。甘味が強い品種も多くなってきました。

図71　カネコ育成「シルクスイート」

●畑の準備

畑は排水性のよいところを選びます。

肥料（窒素）を多く施しますと、蔓ぼけになり収量が大きく低下します。窒素肥料を控えた施肥設計をします。堆肥は3坪当たり20kg入れ、苦土石灰も1kgいれてよく馴染ませます。芋類ですから堆肥として鶏糞堆きゅう肥か豚糞堆きゅう肥を用います。

元肥として3坪当たり化成肥料（8-8-8）で300gとします。追肥は不要です。

畝幅は30〜40cmで、畝は20cmと高くし、乾燥を防ぐために黒マルチを張ります。マルチを張る場合には、畝に十分な水分を与えてからマルチを張ります。

●植え方

蔓を植える前には、必ず蔓割れ病の予防のために、切り苗を消毒します。

植え方には、4種類の方法があります。一般的には、斜め挿しが多いのですが、他に、垂直植え、水平植え、船底植えなどがあります。

芋
類

　垂直植えの場合は、３節程度を土の中に入れ、斜め挿しでは、５～６節程度を土の中に入れます。株間は３０～３５cmで植えます。苗を挿した後は、必ず株元を軽く押さえます。

　根付きを良くするために、乾燥時には株元にかん水を行って根付きを促します。

　大きい芋を作る場合には垂直挿しをします。斜め挿しでは芋の数が多く収穫できますが、小芋になります。

　肥えた畑に植えますと、生育の旺盛な「つるぼけ」になり、芋がとれなくなります。栽培する畑に注意します。

●生育中の管理

　葉に食害を起こす害虫が発生しますので、農薬で防除します。食害する害虫は、ハスモンヨトウ、ナカジロシタバなどの幼虫です。

　蔓返しは、蔓が伸びてマルチからはみ出している通路などで、蔓から根が出て養分を吸い始めると、草勢は強くなり、芋の肥大が悪くなりますので、根を切るために蔓返しを行います。そのときに除草も兼ねて行います。

　マルチを張らずに栽培をしている方は、８月になった時点で、必ず蔓返しをします。

　栽培期間が長いので、除草は行って欲しいです。

●収穫

　植え付けから約１２０日を経過したら収穫時期になります。どこか一部でマルチをはがして、試し掘りをして芋の大きさが１００ｇ以上になっていれば収穫となります。

●貯蔵方法

　サツマイモは寒さに弱いので、保存には注意が必要です。サツマイモの貯蔵温度は１２～１５℃で、湿度は８０～９０％が望ましいです。９℃以下の場所に長く保存しますと肉質が茶色になり、食べられなくなります。

　多くのサツマイモを貯蔵するときには、ハウスがあれば、中央部に穴を掘り、コンテナに詰めて、コンテナごと埋めて、その上にムシロや藁をかけて、さらに覆土をして貯蔵します。

●食味

　収穫直後の芋の糖度は低く、１ヶ月程度の貯蔵を行うことにより、糖度が増して甘

くなります。

●主な病気と害虫

病気：つる割病、黒斑病、立枯病、斑紋モザイク病、

害虫：イモキバガ、センチュウ、ハリガネムシ、ドウガネブイブイ、
ナカジロシタバ、ハスモンヨトウ、

ちょっと知識

芋類の肥大について

　芋類は初期から中期までの生育は地上部が旺盛となり、旺盛になった地上部で光合成を行い器官に同化産物を蓄積させます。特に、茎の部分に多く蓄積されます。その後、茎などに蓄積された同化産物のデンプンが根に移行していきます。この根に転流させるスイッチは肥料切れと考えられます。後半に肥料の吸収が少なくなりますと、茎から芋となる部分にデンプンを移動させます。デンプンは粒子が大きいので、グルコースの様な粒子の小さいものに変換して、師管を通って根に送られ、芋になる部分で安定したデンプンに変換して貯蔵されます。いつまでも肥料を与えていますと、葉で光合成を行うために、地上部に同化産物を蓄積し続けます。これによって芋になる部分にデンプンの蓄積が出来なくて、収量が大きく低下してしまいます。芋類の栽培において、後半は自然に枯れていくような肥料施肥が必要となります。

ちょっと知識

蔓割れ病

　サツマイモの蔓割れ病は株全体が萎れ、葉は紫褐色〜黄褐色になり落葉します。茎の地際部は縦に裂けて繊維質が目立ちます。茎と葉柄の導管部は褐変しています。病原菌は土壌中や罹病植物内で生存しています。蔓割れ病に罹病した芋でも伝染します。予防として、サツマイモの連作をしないようにします。購入する苗は健全なものを植えるようにします。購入した苗を植え付ける前に、苗を殺菌剤で消毒してから植え付けます。

ジャガイモ（ナス科）
ジャガイモの栽培

難易度
2

図72　収穫したジャガイモ

●地域別の作型について

　ジャガイモの植え付け時期は、４〜５月で、秋作は８月です。

●特性

　ジャガイモはナス科の野菜で、根菜類になります。生育適温は２０℃前後の冷涼な気候を好みます。土壌の適応性は広くて作り易い野菜です。土壌の酸度はpH５.５〜６.０と比較的酸性の土壌でも栽培ができます。品種によって、春作、秋作の年２回栽培が可能となります。ナス科なので連作障害がでますので、１度栽培した畑は２〜３年は休ませます。

●畑の準備

　植え付ける２週間前に堆肥を３坪当たり２０kg入れ、苦土石灰を３坪当たり０.５kg程度いれますが、石灰を入れすぎて酸度pH７以上になりますと「そうか病」の発生が起こります。ジャガイモは比較的栽培期間が短いので、堆肥として鶏糞堆きゅう肥を用います。元肥として３坪当たり、化成肥料（8-8-8）で２kg入れてよく土と馴染ませます。畑は３０cm程度の深さまでよく耕します。

●植え付け

　ジャガイモはウイルスに感染しやすいので、店頭で売られている食用のジャガイモ

は植えないようにします。種芋の植え付ける芋の大きさですが、植え付ける種芋は半分に切って植えますが、種芋の大きさが４０ｇ以下の芋は切らずに植えます。半分に切った場合には切り口をよく乾かしてから植えます。切り口が乾いていないと種芋が腐ってしまう場合があります。それを防ぐ方法として、切り口に灰などをまぶしてから植えて、腐りにくくします。平らになった畑に株間を３０cm、条間は６０～７０cm をとり、植える深さは１０cm 以上と深めに植えます。切った芋を植える場合は切り口を下にして植えます。ジャガイモの深く植える理由として、新しく出来る芋は種芋より上に出来ますので、種芋が浅く植えてしまいますと、新しく出来る芋は地表面に出てしまい、日光が当たり青い芋になります。浅く植えた場合には、必ず土寄せをします。

●植え付け後の管理

　植え付けをしてから１ヶ月くらいしてきますと、芽が伸びて草丈が２０cm 程度になります。１つの種芋から３～４本の芽が発生してきます。発生した芽をそのままにしておきますと、出来る芋が小さくなります。発生した芽は２本残して、残りの芽は摘みます。

●追肥

　芽かき作業が終了した時点で、追肥を行って土寄せをします。このときに土の表面に芋が出て、浅植えをした場合には土寄せをする際に、芋に傷を付けないよう注意します。２回目の追肥は最初の追肥から３週間後に行います。１回に施す化成肥料（8-8-8）の量は３坪当たり、１２５～２５０ｇとします。

●収穫

　花が咲く頃になりますと、土中の芋が肥大を始める時期で、花が咲き終わり、地上部の茎葉が枯れ始めて黄色になってきたら収穫の適期となります。芋の皮の薄い新ジャガイモを収穫する場合には、葉が枯れ出す前に収穫をします。貯蔵性の高い芋を収穫する場合は地上部が完全に枯れ上がってから収穫をします。

●保存

　収穫した芋は表面を乾燥させてから貯蔵します。芋を洗いますと保存性が低下しますので、洗わずに貯蔵します。成熟したジャガイモは収穫後２～４ヶ月の内生休眠に

入り、萌芽の伸長をしません。

●主な病気

疫病

　花が咲く頃から、葉に暗緑色の水浸状の病斑が形成され、葉裏に白いカビが生じます。茎では褐色に腐敗し、茎疫症状が見られ被害が拡大することもあります。特に、腋芽部分に症状が出やすいです。

軟腐病

　葉から感染し、やがて主茎に感染しますと株が萎れます。軟腐病特有の臭いがあります。

黒あざ病

　地際部の茎が侵されると生育が悪くなり、下葉が黄化して、頂葉が巻き上がります。

そうか病

　芋の表面にでこぼこの病斑（かさぶた状）が出来ます。アルカリ土壌で多発します。

紫紋羽病

　芋の表面に暗紫色の病斑を生じます。

ウイルス病

　葉にモザイク状の模様や葉が縮れて小さくなります。アブラムシによって媒介されます。

●主な害虫

　アブラムシ類、ヨトウムシ類、ハリガネムシ、ドウガネブイブイ、

●生理障害

　芋の内部が茶色に変色した場合は、高温に伴う水分不足が内部の組織を死滅させてしまう障害です。

ちょっと知識

青くなった芋は毒

　ジャガイモの芋は長時間光に当たりますと、葉緑素が増えて青くなります。青くなりますと、その部分に「ソラニン」、「チャコニン」と呼ばれる毒素が増えます。ナス科の野菜にはこのような天然毒素があります。青い部分を取り除けば問題はありません。食べると、下痢、嘔吐、腹痛などを起こします。

203

ナガイモの栽培

●地域別の作型について

　ナガイモの植え付け時期は、4〜5月です。

●特性

　ナガイモは山芋の一種で、原産地は中国です。水分が
多くて粘り気が他の山芋に比べて弱いのが特徴です。サ
ラダやとろろなどに多く使われます。生育適温は20
〜25℃で、土壌の酸度はpH6.0〜6.5です。耐寒
性、耐暑性のどちらにも強いです。0℃以下になります
と、凍害を受けます。連作障害がありますので、畑を変
えて作る必要があります。肥大根は根と茎の中間的性質
を持っていて、担根体と言われています。

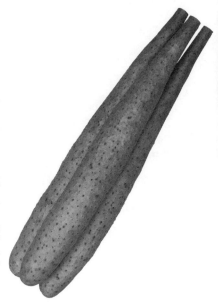

図73　ナガイモの収穫物

●畑の準備

　堆肥を植え付け1ヶ月前に3坪当たり30kg入れ、同時に苦土石灰を1kg入れて
よく土と馴染ませます。ナガイモは栽培期間が長いが、芋類は栽培後半まで肥料を多
く与えると品質が悪くなります。堆肥として牛糞堆きゅう肥を用います。溝幅15〜
20cmで、深さ100〜110cmまで耕します。元肥として、3坪当たり、化成
肥料（8-8-8）で1kgとし、ナガイモは生育の後半で多くの肥料を吸収しますので、
追肥に多く施します。3坪当たりの全施肥量は化成肥料（8-8-8）で2.5kgとなり
ます。

●植え付け

　植えるときの畝幅は110〜120cmで、株間を25cmとします。植え付ける
種芋は子芋では100〜150g、切芋では120〜200gとします。植え付ける
深さは12cmくらいで、植え付けた後に6cmの覆土をします。2〜3週間後にさ
らに6cmくらいの覆土をします。

　3坪の畑で、5mの畝が1本出来、20個の芋が植えられます。

芋
類

●支柱立て

支柱を４株ごとに１本立てます。その支柱にネットを張り、蔓が４０〜５０cmに伸びたら誘引をします。蔓が複数発生したら、生育のよい蔓を１本残して、他の蔓は土の中で芽を折るような芽かきをします。

●追肥

最初の追肥は、芋長が１０〜１５cmになる時期（7月中旬頃）に行います。その後は、茎葉の繁茂状態を見ながら、１０日間隔で３回くらい施します。１回に施す化成肥料（8-8-8）の量は３坪当たり４００ｇ程度とします。生育の状況で追肥の回数が変わります。

●収穫

収穫の時期は、茎葉が黄変して枯れてきたら、試し堀をして、芋の表皮が硬化し、尻部が丸みを持ち、芋の先端が胴部と同じ色になれば収穫となります。折れないように収穫をします。

●主な病気

ウイルス病、褐色腐敗病、褐斑根腐病、根腐病、葉渋病、青かび病、

●主な害虫

アブラムシ類、カンザワハダニ、キタネグサレセンチュウ、キタネコブセンチュウ、

サトイモの栽培

●地域別の作型について

サトイモの植え付け時期は、4〜5月です。

●特性

サトイモはインドや中国南部から東南アジア・インドネシアに自生している熱帯性の高温多湿を好む根菜です。1株から小芋が沢山収穫出来て、栽培の手間

図74 サトイモの収穫物

もかからず、病害虫に強い、収穫した芋は長期保存ができます。別名で小芋（コイモ）と呼ばれていますが、植えた種イモの上に親芋が育ってその周りに子芋や孫芋が付くことがその名の由来です。サトイモは根ではなく茎の部分が肥大したものです。多年生の野菜ですが、日本では温帯地域のため1年生の野菜で冬になると枯れてしまいます。

生育適温は25〜30℃で、発芽に必要な地温は15℃以上です。多湿の環境を好み、乾燥させますと芋の肥大が悪くなります。連作障害がでますので、3〜4年は畑を休める必要があります。土壌の酸度はpH6.0〜6.5が適しています。

●畑の準備

畑の条件として、耕土が深くて水持ちのよく、肥沃な土壌が求められます。植え付け1か月前に3坪当たりに堆肥を20kg入れ、苦土石灰を1kg入れてよく土と馴染ませます。サトイモは栽培期間が長いのですが、芋類ですから堆肥として鶏糞堆きゅう肥を用います。植え付け2〜3週間前に元肥を入れます。3坪当たりの化成肥料（8-8-8）は1.8kgとします。

畝幅は1mと広めにします。畝の高さが15〜20cmとします。早く植え込む場合にはマルチを使います。

●植え付け

植え付ける芋の大きさは60gと大きめのものを選びます。株間を40cm程度と

芋
類

して、地表面から１０cmくらいのところに穴を掘り、芽を上にして植えます。その後に覆土をします。芽を出してから植え付けた方が確実に芽が生育します。

●土寄せ

生育して、本葉が展開した時点で、１回目の土寄せを行います。このときに１回目の追肥も行います。次に７月中旬くらいに２回目の土寄せと追肥を行います。追肥の方法は畝間に肥料を撒き、土と一緒に混ぜて土寄せを行います。３回目の土寄せは８月中旬頃に行います。こと時には追肥は行いません。３回目の土寄せは子芋、孫芋も肥大期でもありますので土寄せは大切です。追肥の量は３坪当たり化成肥料（8-8-8）で２５０gとします。

●かん水

芋の肥大には十分な水分が必要です。特に、芋は７月中旬ころから８～９月までは急速に肥大しますので、乾燥をさせないように管理します。３回目の土寄せのときに乾燥防止のために敷き藁を勧めます。

●収穫

収穫は早生種では９月中～下旬から収穫ができます。一般種では１０月末から１１月となります。

収穫の目安として、茎の枯れ始め頃がよく、貯蔵用は霜が降りて、茎がかれた時期に収穫をします。

●貯蔵方法

土壌が凍るまで畑に置いておきますと腐り易くなりますので、その前に収穫をして、５℃以下にならない場所に貯蔵します。

●主な病気

軟腐病、黒斑病、疫病、

●主な害虫

ネグサレセンチュウ、アブラムシ類、コガネムシ類、ハダニ類、
ハスモンヨトウ、ネキリムシ類、

ア行	畝	野菜を植え付けるところで、野菜によって幅が異なります。高く作るのは根に空気を送るためです。
カ行	花茎	菜の花の茎の部分を言います。抽苔（花が咲くこと）のときに伸びて来る茎を言います。
	果梗	果実と枝を結んでいる茎で、収穫するときにハサミで切って収穫をします。
	活着	植え付けて、根が畝の中に張り出したことを言います。
	花蕾	ブロッコリーなどの花の集合体を言います。
	かん水	野菜に必要な水を与える作業を言います。
	寒冷紗	網目が１ｍｍの防寒や日よけなどに用いる布で、防寒にも用いられます。
	急性萎凋症	正常な生育をしていたのが、急に萎れる現象で、病気でないものが多いです。
	岐根	根菜類の主根が途中で分かれて生育したもので、ニンジン、ダイコン、ゴボウなどで多く発生します。
	擬葉	アスパラガスの細い葉のような茎で、光合成を行っています。
	菌糸	菌類の体を構成するもので、その集合体がカビやキノコです。
	錦糸	スィートコーンの穂先から伸びている糸状のものです。
	茎盤部	タマネギの根が伸び出している付け根の部分を指します。
	耕土	野菜を栽培する土壌で、作土層とも言います。
	根茎	地下茎の一種で、各節から芽が出てきます。ハス、竹などの根を指します。
サ行	栽植本数	一定の面積（１０アール）に植えられる野菜の株数を言います。
	酸度	酸性、中性、アルカリ性などを示す数値。pH１（酸性）～pH１４（アルカリ性）まで示します。
	敷き藁	夏の地温上昇や乾燥から守るために、畝間などに敷く藁を言います。
	子実	莢に入っている豆のことを言います。
	仕立て	果菜類に多い作用で、親蔓、子蔓などを立体的に生育させる方法で、１本仕立て、２本仕立てなどあります。
	出穂	稲、ムギ、とうもろこしなどの穂が現れたことを示します。
	ジベレリン	植物ホルモンの一種で、植物を伸長させる働きがあります。
	子房	果菜類で、果実になる部分を言います。この中に将来の種になる部分が入っています。
	遮光	野菜に強い光線が当たらないように、光を弱くすることを言います。

	子葉	発芽して最初に開く葉で、俗に貝割れ葉と呼んでいます。
	条間	根菜や葉菜などで、筋播きをします。その筋と筋の間を言います。
	条播き	種子を一筋に播くことを言います。根菜などが多いです。
	除塩	畑に残肥が多くなったときに、水を畑に溜めて、地下水まで流し込むことを言います。
	初生葉	豆類の本葉は３枚の葉が１つにまとまっている３枚葉で、その３枚葉が開く前に子葉と本葉の間に発生するハート型の葉を言います。
	整枝	果菜類の栽培技術の１つです。伸びてくる枝を茂らないように摘む作業を言います。植木などでも用いる用語です。
	積算温度	ある生育（果実収穫など）までに必要な平均気温を加算した温度です。スイカが雌花を咲いた日から収穫するまでの平均気温の加算したもので、スイカは１０００℃となります。
タ行	単為結果	受粉をしなくても果実肥大を始めて、果実が収穫できることを言います。
	湛水	畑や囲まれた土地に水を貯めることを言います。
	着莢	豆などの花が咲き、小さな莢が着いたことを言います。
	中耕	畝と畝の間を鍬や鋤などで軽く耕すことを言います。
	土入れ	ネギの栽培用語で、ネギの苗を溝に植えます。そのときにネギの根を軽く土で覆うことを言います。
	土寄せ	ネギなどが生育していきますと、土を株元に掛けることを言います。ネギでは軟白部の生育をさせるときに行います。
	接ぎ木	土壌病害に弱い果菜が、土壌病害に抵抗性を持っている同じ科目の根に接いで土壌病害の発生を防ぐことを言います。キュウリ、トマト、ナス、スイカなどで多く使われています。
	定植	果菜類、葉菜類などで、苗を作って、畑に植えることを言います。
	摘葉	果菜類でも栽培技術で、古くなった葉、病気になった葉などを摘むことを言います。
	展着剤	洗剤と同じで、水に溶けにくい農薬と水を結び付ける溶剤をいいます。
	同化産物	光合成で作られる物質で、成分は炭水化物（糖分）です。
	導管	野菜の茎や葉柄にある維管束（管）で、根から吸収した水と肥料成分を葉などに送る管です。
	止め土	ネギ栽培の用語で、ネギに軟白部を作るために土寄せをします。収穫が近くなってきたときの最後の土寄せを言います。
ナ行	内生休眠	種子に発芽条件を与えても発芽しないのを休眠と言います。ある一定期間は外部からの影響に左右されずに発芽を抑制していることを言います。
	流れ果	果菜で、小さい果実が草勢の弱りや肥料、水不足で肥大せずに枯れてしまうことを言います。

	軟弱徒長	苗などに多くの水を与えて、日照量が少ないときなどに葉が細長く伸びて、軟らかく生育することを言います。
	軟白部分	ネギで多く用いられる用語で、根深ネギの白い部分を言います。
ハ行	培土	苗を作るときに使う土を言います。最適な肥料が含まれています。
	撥水性	培土で使われる用語で、培土にはバーミュクライトやピートモスなどが使われていて、かん水をしたときに水が浸み込まず、外に流れてしまうことを言います。セルトレーでは注意が必要です。
	被覆資材	冬の露地栽培で、軟弱野菜などで低温障害を防ぐために、野菜を覆う特殊な布を言います。コマツナ、ホウレンソウ、カブなどで使われます。
	不織布	繊維を織らずに、くっつけてシート状にしたものを言います。露地野菜を外気から保温するときに使われます。
	不稔	種子を着けるために受精をっさせます。そのときに、気温が高い場合や乾燥している場合には花粉の力が弱くて受精できずに、種子が出来ないことを言います。子実を食べる豆、とうもろこしなどで使われる用語です。
	分けつ茎	茎盤に発生する芽で、その芽が伸びて茎になったものです。アスパラガスの分けつ茎が大きくなって食べるアスパラガスになります。
	pH	酸度の程度を示す数値です。数値が低いと酸性で、pH 7 が中性で、それ以上高い数値はアルカリ性となります。
	萌芽	枝から芽が出ることを言います。ジャガイモなどの芽が出ることも萌芽と言います。
マ行	間引き	条播きや点播きで、1 か所に多くの種子を播いたときに、一斉に発芽します。その中から生育の良いものを残して、その他の株をハサミなど切っで除去することを言います。
	癒合	茎、果実などの組織が癒着することを言います。
	葉軸	葉菜類で、コマツナやホウレンソウの葉と軸に分かれます。その軸の部分を言います。
	溶存酸素	水耕液などで、養液に溶け込んだ酸素を言います。野菜の生育には必要な酸素で、これが不足しますと、野菜は萎れてきます。
	葉柄	葉軸と同じです。
	葉鞘部	ネギの軟白部分を言います。葉と根の中間の部分です。

ラ行	裂球	キャベツなどの結球野菜で、生育が進みますと球の内部の生育が進み、肥大しますが、外部の葉は伸長しないために、外部の葉を破ってしまうことを言います。また、気温が上がり、花が咲く準備が出来ますと花の蕾の着いている茎が伸びてくるために外葉を破ります。
	裂根	根菜で起こる現象です。急激な根部の肥大が起こり、根部が裂けてしまう現象です。過剰な水分、多い肥料などで根部の肥大が激しくなるために起こります。ダイコン、ニンジン、カブなどで起こります。
	立茎	アスパラガスの分けつ茎が伸びて長さが２５cm程度で収穫しますが、最近のアスパラガスの栽培は周年栽培が行われ、光合成で養分を作るために分けつ茎を伸ばして大きくすることを言います。
	緑肥	土作りに用いる作物で、ソルゴー、ムギなどを言います。
	鱗茎	タマネギの可食部で、葉の変形したものです。
	輪作	畑に同じ野菜を作らずに、１作ごとに異なる野菜を作り、作る野菜を組み合わせて栽培することで、例えば、豆類を作った後にキュウリを作り、また、豆類を作る繰り返しで畑の劣化を防ぐことを言います。
	鱗片	ユリ根の分解で説明しますと、うろこ状のものです。
ワ行	脇芽	親蔓、子蔓などの節から発生する枝を言います。

あとがき

　私は長きに渡り、野菜を販売している直売所などに出荷している生産者の方を対象に野菜の栽培講習を行ってきました。その際に、色々な野菜の作り方を説明してきました。野菜作りに対して生産者の方は次の様な事を話されます。「毎年、野菜を作っているが、毎年、1年生だ。」と言って、講習した後に質問される方が多く見られます。しかし、質問される方は理解して帰られますが、多くの人の前で質問することが恥ずかしいと思っている方が大変に多く居られます。多くの生産者に野菜作りの基本を知って頂くために、今回、そのまとめとして、野菜を作っている方やこれから野菜を作ってみたい方などに、野菜作りの基本的な知識や野菜の作る方法などを本に記しました。

　「菜園づくり」の本は出来るだけ難しくは書いていないと思いますが、本で読むことより、畑で野菜を作ってみれば、思ったより簡単に野菜が作れると思います。まずは行動です。

　長く農業に携わってきましたが、野菜作りの基本は土作りにあります。よい畑を作れば、どんな野菜でもよく出来ます。堆肥や有機物の投入を進んで行います。「野菜作りは、心を豊かにします」

前田 泰紀

著者略歴

前田 泰紀 （まえだ やすのり）

１９５０年（昭和２５年）名古屋市に生まれる。

名城大学大学院農学研究科（園芸学専攻）修了。農学修士。

修了後、埼玉県のキュウリ種子専門メーカーの「ときわ研究場」

に就職、その後、群馬県の総合種苗メーカーの「カネコ種苗」

に転職、２０２０年に退職。

在職中はキュウリの育種と一般野菜の栽培指導をした。

育成したキュウリ品種の「南極１号」、「トップグリーン」で、

２回の農林大臣賞を受賞。

野菜の指導で、各地を廻って野菜の栽培を講習をしている。

華道家（池坊）紀舟園泰月

著書『キュウリ栽培』（まつやま書房 2020 年

野菜を作ってみたい方への本

いろいろな
野菜の作り方 菜園づくり ３坪の畑を基本に説明

2021年５月10日　初版第一刷発行

著　者　前田泰紀
発行者　山本　正史
印　刷　株式会社シナノ
発行所　まつやま書房
　　　　〒355－0017　埼玉県東松山市松葉町３－２－５
　　　　Tel.0493－22－4162　Fax.0493－22－4460
　　　　郵便振替　00190－3－70394
　　　　URL:http://www.matsuyama－syobou.com/

キュウリに特化した
栽培ハウツー本

キュウリ栽培

前田泰紀　野菜作り
コンサルティング

長年種苗メーカーで全国の農家に栽培指導をしてきた
著者ならではのハウツー本。
一般的ながら難しい野菜と言われる繊細なキュウリの
収穫量アップのノウハウとは？

日本農業新聞にも紹介され
日本全国のキュウリ農家から注文殺到

●**本書で取り上げる内容**（目次から）
「諸言」「育苗」「土壌障害の改善について」「圃場の準備」「定植」
「定植後の管理」「整枝方法」「追肥」「ハウス内の温度調整」「摘葉」
「かん水方法」「露地栽培での敷き藁」「露地栽培のマルチについて」
「露地栽培での防風対策」「収穫」「奇形果の種類と発生要因」
「生理障害の要因」「病気の発生と予防」

A4判並製　58頁（オールカラー）
ISBN978-4-89623-149-0　2020年12月15日刊行

定価1650円
（1500円＋税）

ご注文は　**0493-22-4162**（まつやま書房）へ
※別途送料180円がかかります